Geschichte und Theologie
der Freien evangelischen Gemeinden

Band 6.1

Herausgegeben von Wolfgang Heinrichs / Michael Schröder / Hartmut Weyel

Elmar Spohn

Die Allianz-Mission und der Bund Freier evangelischer Gemeinden

Die Geschichte ihrer Beziehung
und deren theologische Begründung

D1718682

BUNDES-VERLAG WITTEN

2011

© 2011 Bundes-Verlag GmbH, Witten
Umschlag: Wolfgang DeVries, Wetter
Satz: Burkhard Lieverkus, Wuppertal | www.lieverkus.de
Druck: DIP-Digital-Print, Witten
ISBN 978-3-862580-02-6
Bestell-Nr. 209.002

Inhaltsverzeichnis

8. Ergebnisse und Schlussfolgerungen

Anhänge

Vorwort

Die vorliegende Arbeit entstand während meines Dienstes als Lehrer an der Katungulu Bible Training School im Nordwesten Tansanias. Sie wurde von Ansgar Hörsting, dem damaligen Missionsleiter der Allianz-Mission, angeregt, der mir auch den Freiraum gewährte, um diese Arbeit schreiben zu können. Diese Arbeit wurde vom Department of Christian Spirituality, Church History and Missiology, University of South Africa (UNISA), Pretoria, Südafrika im November 2007 als Master-Thesis angenommen. Zum Gelingen dieser Arbeit trugen viele bei. An erster Stelle möchte ich hier meinen Supervisor Dr. Christof Sauer nennen, der mich stets ermutigte und mit seinen hilfreichen kritischen Anmerkungen zum Gelingen dieser Arbeit beitrug. Weiter danke ich meinem Joint Supervisor Prof. Dr. Nico Botha für die Annahme und Unterstützung deutscher Studierenden, die mit ihren spezifisch deutschen Themen an der UNISA immer wieder freundliche Aufnahme erfahren. Dann gilt es, dem Pressesprecher des Bundes Freier evangelischer Gemeinden, Dr. Arndt Elmar Schnepper, zu danken, der mir mit seinen vielseitigen Anregungen eine große Hilfe war. Als herausragenden Kenner der Materie sei an dieser Stelle Prof. Dr. Klaus Fiedler (Malawi) gedankt, mit dem ich eine umfangreiche Korrespondenz führte und der mich auf wichtige Sachverhalte aufmerksam machte. Des Weiteren möchte ich den Geschichtsexperten des Bundes, Pastor August Jung und Pastor Hartmut Weyel, für ihre kompetenten Hinweise danken. Ferner gilt mein Dank Herrn Oberkirchenrat Dr. Vicco von Bülow für die anregende Korrespondenz über Otto Weber. Schließlich ist noch Herrn Günter Bahr zu danken, dem betagten und trotzdem unermüdlichen Bibliothekar des Theologischen Seminars des Bundes der FeG, für die Gespräche (mit einem Zeitzeugen) und für die Beschaffung von Lebensdaten wichtiger Personen aus Bund und Mission. Zuletzt möchte ich noch Herrn Pfarrer Reinhard Fritsche erwähnen, der sich die Mühe machte, das ganze Manuskript durchzulesen und zu korrigieren.

Etwas abseits von den oben Erwähnten (weil es bei unseren Diskussionen um die adäquate theologische Bedeutung des Missionsauftrags ging) möchte ich Herrn Prof. Dr. Heinrich Balz nennen, der mir in der Zeit der Abfassung ein kritischer Gesprächspartner war.

Besonders danke ich meiner Frau Marietta, die mich während den Abfassungsphasen mit liebevoller Geduld unterstützt hat und die vielen tansanischen Besucher und Bittsteller mit dem Hinweis vertröstete, dass der „Mwalimu" (Lehrer) zwar da sei, jedoch nicht gestört werden könne.

Abkürzungsverzeichnis:

AM	Allianz-Mission
ACM	Allianz-China-Mission
AEM	Arbeitsgemeinschaft Evangelikaler Missionen
AH	Auslandshilfe des Bundes Freier evangelischer Gemeinden
AMB	Allianz-Mission-Barmen
BD	Barmer Denkschrift
	(des Deutschen Evangelischen Missionsrats von 1933)
BFeG	Bund Freier evangelischer Gemeinden
CB	*China-Bote*
CIM	China Inland Mission
DCAM	Deutsche China-Allianz-Mission
DEMA	Deutscher evangelischer Missionsausschuss
DEMB	Deutscher evangelischer Missionsbund
DEMR	Deutscher evangelischer Missions-Rat
DEMT	Deutscher evangelischer Missions-Tag
EAGWM	Evangelische Arbeitsgemeinschaft für Weltmission
EKD	Evangelische Kirche in Deutschland
EMW	Evangelisches Missionswerk in Deutschland
FeG	Freie evangelische Gemeinde
IMR	Internationaler Missionsrat
MB	*Missionsbote*
NM	Neukirchener Mission
ÖRK	Ökumenischer Rat der Kirchen
SAM	Schweizer Allianz-Mission
TEAM	The Evangelical Alliance Mission
VEF	Vereinigung Evangelischer Freikirchen

1. Disposition

1.1 Zielsetzung

Die Frage nach der adäquaten Zuordnung von Mission und Gemeinde war in der protestantischen deutschen Missionsgeschichte ein Thema heftiger theologischer Dispute und kirchenpolitischer Auseinandersetzungen und ist es bis heute geblieben. Diesem Thema haben sich vor allem Johannes Aagaard[1] und Christian Goßweiler[2] zugewandt. Dabei lag ihre Konzentration auf der historischen Erforschung und Beschreibung der landeskirchlichen, protestantischen Situation. Die geschichtliche Erforschung der Beziehung von Mission und Gemeinde im freikirchlichen Protestantismus wurde jedoch noch nicht aufgenommen. Aufgrund dieser Forschungslücke bietet sich die Bearbeitung dieses Themas besonders an. Da aber die Geschichte der jeweiligen Freikirchen und ihrer Missionen sehr unterschiedlich verlaufen ist und man nicht von einer homogenen Entwicklung ausgehen kann[3], muss der Fokus auf einer dieser Freikirchen liegen.

Ein weiteres von der Missionsgeschichte vernachlässigtes Gebiet ist die Erforschung der Glaubensmissionen. Klaus Fiedler hat in seiner umfangreichen Arbeit zur Geschichte und zum Kirchenverständnis der Glaubenmissionen[4] den Weg für weitere Forschungen gewiesen.[5] So sei die Tendenz zur Denominationalisierung in den Glaubensmissionen nur ganz selten zu beobachten.[6] Als Beispiel führt er die Allianz-Mission an, die sich von einer interdenominationellen und bewusst zur Allianzbewegung orientierten Glaubensmission zu einer denominationellen Mission, nämlich zur

---

1   Johannes Aagaard, Mission. Konfession. Kirche. Die Problematik ihrer Integration im 19. Jahrhundert in Deutschland, Bd. 1, Lund 1967.
2   Christian Goßweiler, Unterwegs zur Integration von Mission und Kirche, untersucht am Beispiel der Rheinischen Missionsgesellschaft, Erlangen 1994.
3   Michael Kißkalt, Mission im freikirchlichen Protestantismus; in: Christoph Dahling-Sander / Andrea Schulze / Dietrich Werner / Henning Wrogemann (Hrsg.), Leitfaden Ökumenischer Missionstheologie, Gütersloh 2003, S. 163-177.
4   Klaus Fiedler, Ganz auf Vertrauen. Geschichte und Kirchenverständnis der Glaubensmissionen, Gießen/Basel 1992.
5   Siehe dazu auch Klaus Fiedlers Aufsatz: Es ist die Zeit, die Geschichte der deutschsprachigen evangelikalen Missionen zu schreiben; in: Evangelikale Missiologie 18, 2002, S. 23-34.
6   Fiedler, Glaubensmissionen, S. 542.

Außenmission des Bundes Freier evangelischen Gemeinden, wandelte.[7] Dieser sowohl im freikirchlichen als auch im Umfeld der Glaubensmissionen seltene Eingliederungs- und Denominationalisierungsprozess, der sich übrigens parallel zu landeskirchlichen Entwicklungen ereignete, regt zu der Frage an, welche geschichtlichen Entwicklungen und theologischen Überzeugungen diesen Prozess verursacht und am Leben erhalten haben. Deswegen werden in dieser Arbeit der Eingliederungs- und Denominationalisierungsprozess der Allianz-Mission historisch beschrieben und die Gründe, die dazu führten, erforscht. Folgende historischen Fragen werden in dieser Arbeit aufgenommen:

– Wie kam es zu diesem Eingliederungs- und Denominationalisierungsprozess?
– Wie kam es, dass vonseiten des Bundes der Freien evangelischen Gemeinden an einer außenmissionarischen Arbeit plötzlich Interesse bestand?
– Wie kam es vonseiten der AM zu dem Wunsch, sich einer Denomination anzugliedern?
– Welche exegetischen Deutungen und theologischen Konzepte von Mission und Gemeinde beeinflussten die führenden Theologen von Allianz-Mission und dem Bund der Freien evangelischen Gemeinden und bestimmten ihr Handeln?

1.2 Vorgehen

Diese Arbeit beginnt mit einem kurzen Überblick zum biblischen Verständnis von Mission und Gemeinde und systematisch-theologischen Überlegungen dazu. Diese Ausführungen können jedoch in ihrer Kürze nur die Problemstellung anzeigen. Darauf folgt eine allgemeine historische Einführung in die Situation der deutschen protestantischen Missionsgeschichte unter der Fragestellung der Zuordnung von Mission und Gemeinde. Nach diesem einführenden und den Hintergrund der Problemlage darstellenden Kapitel soll der historische Hauptteil anschließen. In diesem ersten Hauptteil wird die Geschichte der Allianz-Mission beschrieben. Dabei wird der Frage nachgegangen, wie sich die Allianz-Mission von einer dezidiert interdenominationellen Glaubensmission zu einer denominationellen Gemeindemission wandelte. Danach folgt ein historisch-ekklesiologischer Teil, in

---

7 Fiedler, Glaubensmissionen, S. 542.

dem das Gemeindeverständnis der Gründerväter Carl Polnick und Fredrik Franson sowie das wichtiger Theologen der Allianz-Mission dargestellt wird. In den abschließenden Kapiteln werden die Ergebnisse ausgewertet und zusammengefasst. Der angefügte Anhang enthält Kurzbiografien von Personen, die in dieser Arbeit genannt werden, jedoch keinen kirchengeschichtlichen Bekanntheitsgrad erlangten. Der andere Anhang ist eine Auflistung der Literatur aus dem Verlag der Allianz-Mission.

1.3 Methodische Grundlegung

Die Erforschung und Beschreibung des Denominationalisierungsprozesses der Allianz-Mission durch den Bund der Freien evangelischen Gemeinden wird in dieser Arbeit mit den allgemein üblichen geschichtswissenschaftlichen Grundsätzen erfolgen. Diese Grundsätze sind:
- Suche nach relevanten Quellen;
- Bewertung dieser Quellen;
- die Beschreibung bzw. Interpretation von Menschen, Handlungen und Ereignissen;
- das Beschriebene muss dabei einer inneren Logik folgen;
- die Darstellung muss überprüfbar und nachvollziehbar sein.

Wenn man nun diesen geschichtswissenschaftlichen Grundsätzen folgt, muss man sich auch ihrer Grenzen bewusst sein. Geschichtsschreibung ist im gewissen Sinne immer Interpretation des tatsächlich Geschehenen. Die Person des Geschichtsschreibers ist und kann nur Interpret der ihr zugänglichen Quellen sein. Das tatsächlich Geschehene ist ihm nicht mehr zugänglich. Weil der Historiker als Mensch immer subjektiv bleibt, steht er in der großen Gefahr, tendenziös nur das zu bestätigen, was er gerne bestätigt haben möchte. In der neueren wissenschaftlichen Geschichtsschreibung ist man sich dieser Probleme bewusst.[8] Man entwickelte neue Ansätze, die es

---

8 So war in der Vergangenheit Geschichtsschreibung primär auf die Beschreibung des Staates als Zentrum der Macht, bedeutenden Männern, und von Entwicklungen in der europäischen Geschichte fokussiert. Siehe Georg Iggers, Geschichtswissenschaft im 20. Jahrhundert, Göttingen, 2. Auflage 1996, S. 9. Gegenwärtig ist man von dieser Einseitigkeit abgekommen.

aufzunehmen gilt.[9] Auch in der Missionsgeschichtsschreibung kam es zu einem Umdenken. Vor allem Eckhard Kamphausen und Werner Ustorf[10] kritisieren die missionsgeschichtliche Darstellung der Vergangenheit, weil sie dazu neige, missionarische Unternehmungen mit Gottes Handeln in der Geschichte gleichzusetzen. So werde aus Missionsgeschichtsschreibung Heilsgeschichtsschreibung.[11] Diese Gefahr wird zu Recht benannt. Das zeigt ein Beispiel aus der Geschichtsschreibung der Allianz-Mission. Dort wird die positive Entwicklung der Mission auf das Gottvertrauen der Missionsleitung und Missionare zurückgeführt.[12] Gottvertrauen kann historisch jedoch nicht verifiziert werden und steht deswegen außerhalb einer wissenschaftlichen Betrachtungsweise.

Die Untersuchung des Eingliederungs- und Denominationalisierungsprozesses der AM erfolgt mit der in den Geschichtswissenschaften üblichen Erforschung der literarischen Quellen. Dazu wird umfangreiches Aktenmaterial aus dem Archiv der AM und anderen Archiven ausgewertet. Interviews mit Zeitzeugen und andere Techniken aus der empirischen Sozialforschung sind nicht vorgesehen. Jedoch wird neben den Quellen auch die relevante Sekundärliteratur aufgenommen und umfangreich berücksichtigt.

---

9 Da die Fragestellung dieser Arbeit der klassischen Geschichtsschreibung folgt, können neue geschichtswissenschaftliche Ansätze wie die historische Sozialwissenschaft, Alltagsgeschichte, Mikrohistorie, Historische Anthropologie (Iggers, Geschichtswissenschaft, S. 3) und die neuerdings populär werdende Mentalitätsgeschichtsschreibung (Wolfgang Heinrichs, Freikirchen – eine moderne Kirchenform. Entstehung und Entwicklung von fünf Freikirchen im Wuppertal, Gießen/Basel 1989, S. 1-8) nicht angewandt werden. Das gilt ebenso für die neuen methodischen Ansätze der gegenwärtigen Missionsgeschichtsschreibung, wie der Peripherieorientierung, Transfergeschichte, Interdisziplinarität und der transkontinentalen Christentumsgeschichte. Dazu siehe Thorsten Altena, Methoden und Quellen der Missionsgeschichtsschreibung heute; in: Dahling-Sander/Schulze/Werner/Wrogemann, Leitfaden, S. 63-78; Andrea Schultze, Neuere, interdisziplinäre Ansätze in der Missionsgeschichtsschreibung; in: Dahling-Sander/Schulze/Werner/Wrogemann, Leitfaden, S. 97-122 und Klaus Koschorke, Kirchengeschichte, Missionsgeschichte, transkontinentale Christentumsgeschichte; in: ZMR 79/2 1995, S. 134-144. Diesen neuen Ansätzen der Missionsgeschichtsschreibung geht es vor allem um das Verlassen eines überheblichen eurozentrischen Geschichtsbewusstseins, das die Perspektive der lokalen Bevölkerung unterschlägt und das völlig unkritisch Missionarbeit als Gottes Auftrag darstellt, dem man nachgekommen sei.

10 Erhard Kamphausen/Werner Ustorf, Deutsche Missionsgeschichtsschreibung. Anamnese einer Fehlentwicklung; in: VF 22, 1977, S. 3-57.

11 Kamphausen/Ustorf, Missionsgeschichtsschreibung, S. 26-30.

12 Volker Dickel, Die Geschichte der Allianz-Mission 1890–1990, unveröffentliche MA-Thesis, Trinity Evangelical Divinity School 1991, S. 218.

Die theologisch interessante Frage nach der Notwendigkeit einer Integration von Mission und Gemeinde kann von der Missionsgeschichtsforschung nicht beantwortet werden. Sie muss von der Missionstheologie oder der Ekklesiologie bzw. von der biblischen Exegese beantwortet werden, denn letztlich sind die biblischen Schriften Quelle und Fundament allen Redens von Gott, aller Theologie.[13] Missionsgeschichtsforschung hingegen kann keine theologischen Urteile oder Forderungen erheben. Geschichte interpretiert und beschreibt lediglich vergangene Geschehnisse. Wissenschaftstheoretisch leistet die Kirchen- bzw. Missionsgeschichtsforschung der Theologie aber trotzdem einen großen Dienst, denn sie kann sowohl Irrwege oder Bewährtes und deren Auswirkung auf die Gegenwart als auch die Wirkungs- und Auslegungsgeschichte der Bibel aufzeigen. Die Ergebnisse daraus müssen für den hermeneutischen Prozess der Auslegung wahrgenommen und reflektiert werden.[14] Das bedeutet konkret, dass die Ergebnisse dieser Arbeit zwar nicht die Frage nach der Notwendigkeit der Integration von Mission und Gemeinde beantworten können, aber doch einen wichtigen Beitrag zu traditionellen theologischen Konzepten von Mission und Gemeinde im Umfeld der Glaubensmissionen und der Freikirchen geben können. So können vielleicht sowohl theologische Sackgassen oder Bewährtes als auch ein Segment biblischer Wirkungs- und Auslegungsgeschichte (als Nebenprodukt)[15] sichtbar werden.

1.4 Begriffsdefinitionen

Mit dem Wort „Denominationalisierung" wird in dieser Arbeit der Prozess einer Gemeinschaft oder christlichen Gruppe bezeichnet, die in zunehmender Weise ekklesiologische Überzeugungen (Glaubensbekenntnis, Herrnmahl- und Taufverständnis, Gottesdienst) einer bestimmten Denomination oder Konfession übernimmt und sich zu eigen macht. Da die Anfänge der Allianz-Mission betont interdenominationell waren und es im Laufe der Jahre zu einer sukzessiven Annäherung an eine Denomination

---

13 Reinhard Frische, Theologie unter der Herrschaft Gottes, Gießen/Basel 1979, S. 14.

14 Wilfried Härle, Dogmatik, Berlin/New York, 2. Auflage 2000, S. 33.

15 Der Fokus dieser Arbeit liegt nicht auf einer wirkungs- und auslegungsgeschichtlichen Fragestellung. Trotzdem werden historische Interpretationen relevanter Bibeltexte aufgezeigt, die für die Wirkungs- und Auslegungsgeschichte durchaus interessant sein können.

und deren ekklesiologischen Überzeugungen kam, kann von einem Denominationalisierungsprozess gesprochen werden.

Mit dem Wort „Eingliederung" wird der historische Vorgang der organisatorischen Eingliederung der AM in den Bund der Freien evangelischen Gemeinden verstanden. Dabei wird bewusst auf den Terminus technicus „Integration"[16] verzichtet, weil er durch die landeskirchliche Diskussion theologisch vorgeprägt ist und leicht als „Verkirchlichung" missverstanden werden kann. Zudem grenzt sich das Wort „Eingliederung" von den Termini „Verschmelzung" und „Assimilation" ab, die der bleibenden Eigenständigkeit der eingegliederten Mission nicht gerecht werden.

Die Wörter „Kirche" und „Gemeinde" werden in dieser Arbeit unterschiedlich gebraucht. Das Wort „Kirche" wird sowohl in seinem theologischen Gebrauch als Gemeinde der Gläubigen als auch soziologisch als die Institution der Landeskirchen gebraucht. Die Ortsgemeinden einer Freikirche werden als „Gemeinde", ein Gemeindebund als Denomination bezeichnet.

---

16 Zur Analyse des Wortes „Integration" schreibt Beckmann: „Der Duden (16. Aufl., Bd. I, 1967) übersetzt das Fremdwort Integration mit ‚Vervollständigung', ‚Zusammenschluß' oder auch dem ebenfalls aus der lateinischen Sprache stammenden Wort ‚Summierung'; integral bedeutet ‚ein Ganzes ausmachen', integrieren ‚ergänzen' oder ‚erneuern'." Siehe Klaus-Martin Beckmann, Die unvollendete Integration von Mission und Kirche; in: ÖR 31, 1983, S. 68-75. Gustav Menzel benutzt die Wörter „Integration" und „Verschmelzung" äquivalent. Siehe Gustav Menzel, Die Rheinische Mission. Aus 150 Jahren Missionsgeschichte, Wuppertal 1978, S. 385.

1.5 Die Forschungsgeschichte

Die Geschichte der Allianz-Mission[17] ist nach wie vor ein Forschungsdesiderat.[18] Überblickt man die Forschungsgeschichte, dann wird Folgendes deutlich: Es gibt bis heute keine veröffentlichte, selbstständige Monografie zur Geschichte der Allianz-Mission oder dazugehörigen Einzelthemen. Dabei haben sich beispielsweise in der Frühgeschichte der Allianz-Mission frauenemanzipatorische Entwicklungen ereignet, die für die Frauen- und Emanzipationsforschung von immenser Bedeutung sind. Diese Entwicklung wurde zwar von Christa Conrad[19] und Beate Eulenhoefer-Mann[20]

---

17 In dieser Arbeit werden die Namen der Allianz-Mission nach dem Gebrauch des jeweils beschriebenen Zeitabschnittes angegeben. Von ihren Anfängen bis ins Jahr 1922 wurde sie Deutsche China-Allianz-Mission (DCAM) genannt. Danach änderte man ihren Namen aufgrund der Schweizer Freunde und Missionare in Allianz-China-Mission (ACM). Diesen Namen behielt man von 1922–1953 bei. Nach dem Krieg und der Selbstständigwerdung des Schweizer Zweiges wurde die AM erneut umbenannt in Allianz-Mission Barmen (AMB) und dann 1983 noch einmal nach dem Ortswechsel von Barmen in das hessische Ewersbach-Dietzhölztal in Allianz-Mission (AM).

18 Dies liegt auch daran, dass die Quellen kaum gesichtet oder erforscht worden sind. Bedauerlicherweise sind fast alle Akten, Briefe und sonstige Dokumente, die sich vor dem 30. Mai 1943 im Archiv befanden, bei einem Bombenangriff auf Wuppertal vernichtet worden. Die üblichen Korrespondenzordner beginnen 1949 und enthalten einige interessante Briefe an und von Missionskomiteemitgliedern, aus denen man einige Rückschlüsse auf den Denominationalisierungsprozess ziehen kann. Die Akten zu den Komitee- bzw. Missionsratssitzungen, Protokollen, Niederschriften und Aktennotizen beginnen mit dem Jahresordner 1955. Informationen für die Zeit des Eingliederungsprozesses von Bundesseite sind in den Archivordnern „Bund und AM" enthalten. Anhand der darin auffindbaren Briefe und Akten lässt sich die Geschichte und das Zusammenkommen von Bund und AM gut dokumentieren.

19 Christa Conrad, Der Dienst der ledigen Frau in deutschen Glaubensmissionen. Biblische Grundlage und ihre Umsetzung in Geschichte und Gegenwart, Bonn 1998, S. 79-82.

20 Beate Eulenhoefer-Mann, Missionary Work of Single German Women in China from 1886–1914: A Comparison between missiological Theory and Praxis on the Mission Field, PhD-Thesis, Fuller Theological Seminary 2003, S. 134-143.

beschrieben, spätere Entwicklungen bleiben jedoch noch unerforscht.[21] Ein anderes Beispiel bestätigt diese Einschätzung. So hat man in der Kirchengeschichtsforschung mit großem Interesse die Geschichte der kirchlichen Verwicklungen in die NS-Diktatur erforscht und dabei auch angefangen, die Rolle der deutschen Missionen zu berücksichtigen.[22] Die ACM wird in der relevanten Literatur dazu nicht einmal erwähnt[23], obwohl prominente, nationalsozialistische Kirchenführer wie Otto Weber (1902–1966) und Paul Sprenger (1898–1945) zum Leitungskomitee dieser Mission gehörten.[24]

Es gibt jedoch eine Anzahl von missionsinternen Überblicken zur Geschichte der Allianz-Mission, die oft zum Anlass eines Jubiläums he-

---

21 Christa Conrad ist mit den geschichtlichen Vorgängen der Allianz-Mission kaum vertraut. Sie hatte weder die Quellen noch die Sekundärliteratur genügend wahrgenommen. Sie beschränkte sich lediglich auf die Festschrift zum hundertjährigen Jubiläum der Allianz-Mission von Martin Buchholz und auf die Arbeit von Andreas Franz. Siehe Martin Buchholz, 100 Jahre Allianz-Mission. Geschichte – Erlebnisse – Informationen; in: Missionsbote 98, 1989, S. 8-25 und Andreas Franz, Mission ohne Grenzen. Hudson Taylor und die deutschsprachigen Glaubensmissionen, Gießen/Basel 1993. Zur Kritik an Conrads Buch siehe Stephan Holthaus, Rezension zu Christa Conrad, Der Dienst der ledigen Frau in deutschen Glaubensmissionen. Geschichte und Beurteilung; in: JETH 13, 1999, S. 267-270. Gründlicher und informierter ist die Arbeit von Eulenhofer-Mann. Aber auch sie nimmt spätere Entwicklungen nicht auf. Für die Fragestellung dieser Arbeit ist das Dienstverständnis für Frauen nicht unwesentlich, denn im fernen Missionsgebiet ist es Missionarinnen erlaubt, zu predigen, während ihnen das im eigenen Gemeindebund in einigen Gemeinden untersagt wird.

22 Thomas Weiß, Die deutschen evangelischen Missionen in der Zeit des Nationalsozialismus. Eine Bestandsaufnahme; in: VF 42, 1997, S. 1-18.

23 Weiß, Missionen in der Zeit des Nationalsozialismus, S. 1-18 und Arno Lehmann, Die deutsche evangelische Mission in der Zeit des Kirchenkampfes; in: EMZ 31, 1974, S. 53-79, 105-128.

24 Das hat sich mittlerweile geändert. Siehe Elmar Spohn, „Wir haben mehr oder weniger geschwiegen dazu." Verwicklungen – Ambivalenzen – Opportunismus. Die Allianz-China-Mission in der NS-Zeit; in: MEKGR 58, 2009, S. 205-217.

rausgegeben wurden.[25] Dieser werksinternen Literatur stehen zwei wissenschaftliche Arbeiten gegenüber. Die eine ist die wichtige Dissertation von Andreas Franz[26], in der er den Einfluss Hudson Taylors auf die deutschen Glaubensmissionen untersucht, zu denen auch die DCAM gehörte. Auf 50 Seiten wird dort die Frühgeschichte beschrieben. Spätere Entwicklungen sowie der Integrationsprozess wurden von Franz nicht aufgenommen, weil sie sein Thema nicht mehr berühren.[27] Die andere Arbeit ist eine unveröffentlichte MA-Thesis von Volker Dickel[28] zur historischen Gesamtdarstellung der Allianz-Mission, die oft, ohne es zu vermerken, mit der Arbeit von Franz identisch ist.[29] Dickels Auseinandersetzung mit den Quellen und der oben genannten werksinternen Geschichtsschreibung ist unkritisch, bisweilen nur von dem Interesse geleitet, eine überblickartige Darstellung zusammenzutragen. Weiter müssen die herausragenden Arbeiten zur Frühgeschichte von August Jung genannt werden.[30] Dabei ging es vor allem auch um die Person Fredrik Franson, die für die Missionsgeschichte der zweiten Hälfte des 19. Jahrhunderts von kaum zu überschätzender

---

25 Anonym, Deutsche China-Allianz-Mission, Barmen 1904; [Clara] Manz, … und die Hand des Herrn war mit ihnen. Skizzen aus der Geschichte der Allianz-China-Mission, Barmen 1927; Otto Dreibholz / Hermann Dannert / Werner Schnepper / Paul Sprenger, 50 Jahre Allianz-China-Mission; in: China-Bote 47, 1939, S. 2-4, 18-23, 30-31, 78-79; Kurt Zimmermann (Hrsg.), Fünfzig Jahre Allianz-China-Mission. Grundsätzliches über Wesen und Arbeitsweise einer Allianz-Mission in Mittel-China, Witten 1939; Adolf Kaiser, Vom Werden und Wachsen der Allianz-China-Mission; in: China ruft [Festschrift zum sechzigjährigen Bestehen der ACM], Barmen [1947], S. 3-24; anonym, Werden, Wachsen und Abbruch der Missionsarbeit in China; in: Missionsbote 73, 1964, S. 43-77; [Wilhelm Wöhrle], Fünfundsiebzig Jahre Allianz-Mission-Barmen (1889–1964). Werden und Wachsen in den ersten fünf Jahrzehnten; in: Der Gärtner 71, 1964, S. 309-630; Hans-Jürgen Schmidt, … bis an das Ende der Erde. Informationen der Allianz-Mission-Barmen e.V., Wuppertal 1976; Hans Flick, 90 Jahre Allianz-Mission-Barmen. Rückblick und Ausblick; in: Missionsbote 88, 1978, S. 12-14 und Buchholz, 100 Jahre Allianz-Mission, S. 8-25.
26 Franz, Mission ohne Grenzen.
27 Franz, Mission ohne Grenzen, S. 79-125.
28 Dickel, Die Geschichte der Allianz-Mission.
29 Dickel bekam von Franz die Erlaubnis, Textteile von ihm zu übernehmen (E-Mail vom 19.03.06 von Volker Dickel an den Verfasser).
30 August Jung, Vom Kampf der Väter. Schwärmerische Bewegungen im ausgehenden 19. Jahrhundert, Witten 1995, S. 77-138 und August Jung, Ein umstrittener Endzeitprediger. Missionar Fredrik Franson aus Amerika; in: MEKGR 49, 2000, S. 161-192.

Bedeutung ist.[31] So sind sowohl Fransons Rolle als Mitbegründer der Deutschen China-Allianz-Mission als auch das für diese Studie relevante Missions- und Gemeindeverständnis Fransons umfangreich erforscht.[32] Anders sieht die Situation im Blick auf den eigentlichen Gründer der Allianz-Mission Carl Polnick aus. Lediglich die über ihn verfasste Lebensbeschreibung seiner Frau Bertha Polnick[33] und die mühsam erarbeiteten Informationen von August Jung[34] vermitteln einen kleinen biografischen Einblick.[35] Das gilt auch für die Leiterpersonen zur Zeit des Eingliederungsprozesses der Allianz-Mission in den Gemeindebund, Kurt Zimmermann (Missionsleiter von 1930–1964)[36] und Hans Flick (Missionsleiter von

---

31 Eberhard Schnepper schreibt dazu: „Vierzehn Missionsgesellschaften bzw. freikirchliche Gemeindebünde führen heute noch ihre Anfänge auf Frederik Franson zurück: die Allianz-Mission im Bund Freier evangelischer Gemeinden in Deutschland, die Armenische Evangelische Bruderschaft, der Bund Freier evangelischer Gemeinden in Amerika, der Dänische Missionsbund, die Evangelische Allianz-Mission in Amerika, die Finnische Freikirche, der freie Finnische Missionsbund, die Norwegische Allianz-Mission, der Norwegische Missionsbund, die Schwedische Allianz-Mission, die Schwedische Evangelische Mission, die Schwedische Heiligungs-Mission, die Schweizer Allianz-Mission und der Vandsburger Zweig des Deutschen Gemeinschaftsdiakonieverbandes. Diese Werke alleine haben heute über 1600 Missionare in nahezu 40 Ländern der Erde. Folgende Bünde und Gemeinden gehen ebenfalls auf die Arbeit von Frederik Franson zurück: die Freikirche in Sikkim, Nepal und Bhutan; die Dhule-Nandubar Kirche in Indien, die Evangelisch Christlichen Gemeinden in Venezuela; die Allianz Kirche in Südafrika; auch Teile der überlebenden Gemeinden in China gehen auf die Arbeit der deutschen, schweizerischen und amerikanischen Allianz-Mission zurück." Siehe Eberhard Schnepper, Ein Mann, gesandt von Gott. Frederik Franson; in: Der Gärtner 90, 1983, S. 768.
32 Siehe dazu die Literatur in Kapitel 7.2 dieser Arbeit.
33 Bertha Polnick, Carl Polnick. Ein Lebensbild, Barmen 1920.
34 Jung, Vom Kampf der Väter, S. 77-138 und August Jung, Polnick, Carl; in: BBKL Bd. 22, Sp. 1103-1105.
35 Keine wissenschaftlichen Arbeiten gibt es zudem zur Missionspraxis und zum Gemeinde- und Missionsverständnis der Allianz-Mission sowie zu dem Themenbereich der Beziehung der Allianz-Mission zur China Inland Mission in der Zeit der Kriege und der Nachkriegszeit. Des Weiteren fehlen wissenschaftliche Untersuchungen zu der Beziehung der Allianz-Mission zum Internationalen Missionsrat (IMR) und zum Deutschen evangelischen Missionsrat (DEMR) bzw. Missionstag (DEMT) sowie zum schweizerischen Partnerwerk (SAM). Über das „Glaubensprinzip", unter anderem über das der AM, hat Arndt Schnepper gearbeitet: Siehe Arndt Elmar Schnepper, Mission und Geld. Glaubensprinzip und Spendengewinnung der deutschen Glaubensmissionen, Wuppertal 2007 und Arndt Elmar Schnepper, Das sogenannte Glaubensprinzip der Glaubensmissionen; in: Evangelikale Missiologie 20, 2004, S. 2-8.
36 Es gibt lediglich einen kurzen Lexikonartikel über Zimmermann. Siehe Elmar Spohn, Zimmermann, Kurt; in: BBKL Bd. 29, Sp. 1593-1595.

1964–1982).[37] Jedoch gibt es von diesen Personen einige theologische Äußerungen, sodass man ihr Missions- und Gemeindeverständnis wenigstens skizzenhaft darstellen kann. Besser sieht die wissenschaftliche Bearbeitung des Missions- und Gemeindeverständnisses bei der Person Otto Weber aus, der drei Jahrzehnte (und zu der Zeit des Eingliederungsprozesses) zum leitenden Gremium der Allianz-Mission gehörte.[38] Der Vollzug dieses Eingliederungsprozesses wird zwar von Volker Dickel auf einigen Seiten seiner Masterarbeit abgehandelt[39], trotzdem bleiben viele Fragen unbeantwortet. Auch Bernd Brandl bearbeitet ansatzweise diesen Vorgang in seiner Dissertation zur Neukirchener Mission.[40] Dieses hat seinen Grund in der Tatsache, dass der Bund der Freien evangelischen Gemeinden zuerst die Neukirchener Mission zu ihrem außenmissionarischen Arm machen wollte.[41] Was der Eingliederung vorausging und wie es dann dazu kam, beschreibt Kurt Zimmermann überblickartig in einem Artikel der Wochenzeitschrift des Bundes der Freien evangelischen Gemeinden *Der Gärtner*.[42]

Leider gibt es bis auf einen Essay von Heinz Müller[43], der von 1982 bis 1999 Missionsleiter der Allianz-Mission war, und den kleinen Beiträgen von Johannes Klement[44] und Werner Thomas[45] keine theologischen Arbeiten

37 Es gibt eine Biografie über den ersten Missionsinspektor Karl Engler (Konrad Bussemer, Karl Engler. Lehrer und Missions-Inspektor 1874–1923, Barmen 1925) und weitere umfangreiche Sekundärliteratur über die Missionskomiteemitglieder Konrad Bussemer (Wilhelm Wöhrle, Konrad Bussemer, ein Lehrer des Wortes Gottes, Witten 1948), Otto Dreibholz (Otto Dreibholz, Blätter der Erinnerung, Wuppertal-Elberfeld 1948), Paul Sprenger (Matthias Freudenberg, Sprenger, Paul; in: BBKL Band 22, Sp. 1315-1319) und Otto Weber. Siehe Vicco von Bülow, Otto Weber (1902–1966). Reformierter Theologe und Kirchenpolitiker, Göttingen 1999 und Georg Plasger (Hrsg.), Otto Weber. Impulse und Anfragen (Emder Beiträge zum reformierten Protestantismus, Bd. 6), Wuppertal 2002.
38 Von Bülow, Otto Weber, S. 56-57 und Elmar Spohn, Was der reformierte Systematiker Otto Weber (1902–1966) der Mission hinterließ. Sein Einfluss auf die Allianz-Mission; in: Evangelikale Missiologie 22, 2006, S. 91-98.
39 Dickel, Die Geschichte der Allianz-Mission, S. 207-217.
40 Bernd Brandl, Die Neukirchener Mission. Ihre Geschichte als erste deutsche Glaubensmission, Köln/Neukirchen-Vluyn 1998.
41 Brandl, Die Neukirchener Mission, S. 319-328.
42 Kurt Zimmermann, Der Weg Freier evangelischer Gemeinden zur Außenmission; in: Der Gärtner 81, 1974, S. 329-370.
43 Heinz Müller, Mission und Gemeinde. Unveröffentlichter Essay, Ewersbach 1997.
44 Johannes Klement, Mission: unser weltweiter Auftrag; in: Christsein Heute 112, 2005, S. 12-14; Johannes Klement, Mission und Gemeinde. Gemeinde engagiert sich; in: allianz-mission aktuell, Juni 2006, S. 1-2 und Johannes Klement, Mission und Gemeinde; in: Evangelikale Missiologie 22, 2006, S. 74-80.
45 Werner Thomas, Mission und Gemeinde; in: Christsein Heute 100, 1993, S. 10-11.

der Missionsleitung, die das Verständnis von Mission und Gemeinde aufzeigen könnten. Jedoch sind in der Zeitschrift der Allianz-Mission *China-Bote* bzw. *Missionsbote*[46] immer wieder theologische Kurzbeiträge zu diesem Thema enthalten. Vonseiten des Bundes Freier evangelischer Gemeinden sind das Wochenblatt *Der Gärtner* und *Das Mitteilungsblatt* eine wichtige Informationsquelle.

---

46 Alle Jahrgänge der Zeitschrift China-Bote (CB) bzw. Missionsbote (MB) sind erhalten geblieben und gebunden in der Bibliothek der Allianz-Mission einsehbar. Da der China-Bote: Monatsblatt der Allianz-China-Mission sein Erscheinen im Jahr 1941 einstellen musste, hat die Schweizer Allianz-Mission diese Aufgabe weitergeführt. Auch diese China-Boten sind dort einsehbar. Die anderen Organe der Allianz-Mission wie Kleiner China-Bote: Monatsblatt für junge Missionsfreunde und die Missionsstunde: Monatsblatt der Frauenhilfe der Allianz-China-Mission sind m.W. zum größten Teil vorhanden. Des Weiteren sind dort die extra veröffentlichten Jahresberichte der Jahre 1909, 1912, 1913, 1940, 1949 sowie die von der Allianz-Mission herausgegebenen Missionsberichte, Schriften und Biografien über Hudson Taylor zu finden. Eine Besonderheit sind die „Nachrichten über die Allianz China Mission", veröffentlicht in den Jahrgängen 7-9 (1890–1892) des Gemeinschaftsblattes Emden. Dieses Blatt ist in deutschen Bibliotheken nicht mehr nachweisbar. Es gibt jedoch im Archiv der Allianz-Mission eine gebundene Abschrift dieser Nachrichten.

2. Mission und Gemeinde

2.1 Biblische Besinnung

Jesus hatte nach seiner Auferstehung seinen Jüngern den Auftrag gegeben, zu allen Nationen bis an das Ende der Erde zu gehen, um Jünger zu machen, zu taufen und in seine Nachfolge einzuführen (Mt 28,18-20; Lk 24,47; Apg 1,8; Mk 13,10; 14,9; Joh 20,21). Da sich nach dem Pfingstereignis die Gemeinde konstituierte (Apg 2,37-47), zu der diese Jünger gehörten, könnte man annehmen, dass dieser Auftrag nun der Gemeinde als Ganzer (alle, die zu ihr gehören, und vor allem der Gemeindeleitung) gilt. Davon sprechen jedoch die biblischen Berichte zunächst einmal nicht. In der Apostelgeschichte sind zwar einzelne Personen missionarisch tätig, sie handeln – soweit es durch den Bericht des Lukas sichtbar wird – nicht im Auftrag einer Gemeinde. Es scheint, dass sie eher zufällig in eine missionarische Situation geführt worden sind (z.B. Johannes und Petrus in Apg 3). Weitere missionarische Aktionen waren durch die beginnende Verfolgung verursacht (Apg 8,4). Erst in Apg 13 kommt die Gemeinde als Sendende ins Blickfeld. Demgegenüber hat Christoph Stenschke darauf hingewiesen, dass schon zuvor die frühe Jerusalemer Gemeinde Missionsarbeit im Blick hatte, indem sie Missionare aussandte, Mission unterstützte und Rechenschaftsberichte von zurückkehrenden Missionaren empfing.[1] Trotzdem bleibt Apg 13,1-7 die Schlüsselperikope für das Thema Mission und Gemeinde, da sich das Jerusalemer Missionsengagement nicht explizit auf die Jerusalemer Gemeinde, sondern auf die sich in Jerusalem aufhaltenden Apostel zurückführen lässt. Auch ist der Abschnitt aus Apg 13 auslegungsgeschichtlich immer wieder als Begründung für die Verantwortung der Gemeinde für die Mission herangezogen worden.[2] Nach Howard Marshall berichte Lukas dort zum ersten Mal, dass eine bestimmte Gemeinde eine planvolle Missionsarbeit begonnen habe.[3] Auch Eckhard Schnabel stimmt

---

1 Christoph Stenschke, Gemeinde und Mission. Urchristliche Perspektiven; in: Klaus W. Müller (Hrsg.), Mission der Gemeinde – Gemeinde der Mission. Referate der Jahrestagung 2007 des Arbeitskreises für evangelikale Missiologie, Nürnberg 2007, S. 19-23.

2 Im deutschsprachig-evangelikalen Bereich vertraten dies besonders Ernst Schrupp, Die gemeindliche Sendung; in: Evangelikale Missiologie 9, 1987, S. 10-14 und Daniel Herm, Gemeinde und Mission, Wuppertal 1989, S. 11-14.

3 Howard I. Marshall, The Acts of the Apostles: An Introduction and Commentary, Leicester 1986, S. 214.

diesem Ergebnis zu. So sei nach Apg 13 die Gemeinde Antiochias aktiv in der Aussendung von Missionaren involviert gewesen.[4] Wichtig in diesem Zusammenhang ist Andreas Köstenbergers und Peter O'Briens Beobachtung, dass Lukas den Heiligen Geist in dieser Perikope betone.[5] Der Heilige Geist handle, indem er die Anweisung gibt, Barnabas und Paulus auszusondern (Apg 13,2). Von der Gemeinde (oder deren Leitung) heißt es lediglich, dass sie Barnabas und Paulus ziehen ließen. Danach stellt Lukas jedoch fest, dass sie vom Heiligen Geist ausgesandt worden wären (Apg 13,4). Aus diesem exegetischen Befund muss man nun folgern, dass die Mission nicht aufgrund menschlicher Initiative, sondern auf Anordnung des Geistes erfolgte.[6] Deswegen gilt es festzuhalten: Nicht die Gemeinde in Antiochia (oder deren Leitung) war in erster Line aktiv in der Aussendung der ersten Missionare, sondern die Aussendung erfolgte aufgrund des Handeln Gottes durch den Heiligen Geist.[7] Das bedeutet jedoch nicht, dass der Gemeinde gar keine Bedeutung in der Aussendung der Missionare zukam. Lukas betont in seinem Bericht, dass man in der Gemeinde in Antiochia auf Gottes Reden durch den Geist hörte (Apg 13,2-3), seinen Anweisungen Folge leistete (Apg 13,3) und bereit war, die fähigsten Mitarbeiter auszusondern und sie als Missionare ziehen zu lassen (Apg 13,4). Des Weiteren segnete man die Missionare für ihren Dienst unter Gebet und Handauflegung (Apg 13,3), und man versammelte sich später, um deren

---

4 Eckhard J. Schnabel, Urchristliche Mission, Wuppertal 2002, S. 1396.
5 Andreas J. Köstenberger and Peter T. O'Brien, Salvation to the Ends of the Earth: A biblical Theology of Mission, Downers Grove, Illinois 2004, S. 146.
6 Jürgen Kuberski, Wer sandte die ersten Missionare?; in: Evangelikale Missiologie 21, 2005, S. 14.
7 Diesen Sachverhalt betont vehement Harold Cook in einem bemerkenswerten Aufsatz. Siehe Harold R. Cook, Who really sent the first missionaries?; in: EMQ 11, 1975, S. 233-239.

Berichte von Gottes Handeln zu hören (Apg 14,27).[8] Jedoch gilt es zu beachten, dass der Text in Apg 13 nicht normativ, sondern deskriptiv ist und deswegen nicht als Grundlage von allgemeingültigen Regeln angesehen werden kann.[9] Auch in den anderen Schriften des Neuen Testaments wird nicht die Gemeinde als Ganzes oder als Gemeindeleitung expressis verbis aufgefordert, Mission zu treiben. Deswegen – so Schnabel[10] – könne keine Rede davon sein, dass im Neuen Testament die Gemeinde als Institution gesandt ist, gesandt seien vielmehr einzelne Mitarbeiter einer Ortsgemeinde. Jedoch spielt im Neuen Testament die Gemeinde eine tragende Rolle in der Sendung und Unterstützung der Missionare (Apg 15,3; 20,38; 21,5; Röm 15,24; 1Kor 16,6; 2Kor 1,16; Tit 3,13; 3Joh 5-8). Auch wurden im gemeindlichen Kontext die wichtigen Aufforderungen zur Missionsverantwortung geäußert (Röm 10,13-15; 1Kor 11,26; 2Kor 5,19-20). Darum kann man sagen, dass die Gemeinde nach dem Neuen Testament, auch wenn das nicht explizit und normativ ausgedrückt ist, für die Mission ein wichtiger Bezugspunkt ist. Nach diesem differenzierten Befund wird deutlich, dass das Neue Testament eine große Freiheit für den umfänglichen Auftrag der Weltmission lässt.[11] Der Heilige Geist bedient sich der Gemeinde, wo die Gemeinde

---

8 Christoph Stenschke (Gemeinde und Mission, S. 26) hat darauf hingewiesen, dass sich die Einbindung der Mission in die Gemeinde durch die Einberufung der Gemeinde und durch den mit der Sendung einhergehenden Rechenschaftsbericht der Missionare zeige. Darüber hinaus hätte die antiochenische Gemeinde über viele Jahre hinweg ihre Missionare ausgesandt, und es sei wahrscheinlich, dass sie finanzielle Mittel zur Verbreitung des Evangeliums eingesetzt hätten, denn von einer eigenen Erwerbsarbeit der Missionare sei erst in Korinth während der zweiten Missionsreise die Rede (Apg 18,3). Auch das Fasten und Beten von Apg 13,3f werde nach Stenschke (Gemeinde und Mission, S. 26) kaum mit der Aussendung der Missionare geendet haben. Das bedeutet für Stenschke, dass die Mission des Paulus eine Mission der antiochenischen Gemeinde war. Deswegen könne man nicht von einer paulinischen Mission reden, ohne die gemeindliche Einbindung dieser Mission gebührend zu berücksichtigen (Gemeinde und Mission, S. 26).

9 So Kuberski, Wer sandte die ersten Missionare?, S. 15. Anders Ernst Schrupp, für den dieser „Missionarskurs der Gemeinde in der Apostelgeschichte" „normativ und damit für uns heute verbindlich" ist. Siehe Schrupp, Die gemeindliche Sendung, S. 11. Hervorhebung von Ernst Schrupp.

10 Schnabel, Urchristliche Mission, S. 1517.

11 Kuberski, Wer sandte die ersten Missionare?, S. 16.

aber nicht bereit ist, auf sein Wirken zu hören, ist er nicht an gemeindliche Strukturen gebunden.[12]

2.2 Systematisch-theologische Überlegungen

Nach Henning Wrogemann beschäftigte man sich in der neueren, deutschsprachigen systematischen Theologie kaum mit dem Thema Mission.[13] So verwundert es nicht, dass der Zusammenhang von Mission und Gemeinde auch kein selbstständiges Thema der Ekklesiologie wurde. Auch Hans Schwarz bemerkt dazu, dass man noch immer nicht verstanden habe, dass Mission das *notum ecclesiae* schlechthin sei.[14] Was die systematische Theologie nicht verstand oder verstehen wollte, wurde in der Missionstheologie aufgenommen, theologisch reflektiert und in die Praxis umgesetzt. Dies führte zur Integration von Kirche und Mission. Dieser Vorgang fand jedoch keinen Widerhall in der systematischen Theologie. Lediglich kurze Hinweise sind in den bedeutenden deutschen Dogmatiken zu finden. Nach dem lutherischen Systematiker Wilfried Joest dürfe sich die Kirche nicht als Selbstzweck verstehen.[15] Er verweist auf die ekklesiologische Erkenntnis, dass Mission die Lebensäußerung der Kirche ist. In ihrer Mission ist die Kirche zur Welt hin geöffnet. Denn als die um Christus *gesammelte* ist sie auch die durch ihn in die Welt hinein*gesendete* Gemeinde. Sie habe die Aufgabe, mit dem Wort des Evangeliums in die Welt zu gehen. Das könne nicht nur im öffentlichen Gottesdienst geschehen, sondern müsse auch dort stattfinden, wo dieses Evangelium bisher noch nicht gehört worden ist.[16] Nach Joest ist es unbestritten, dass nach dem Neuen Testament der Gemeinde Christi dieser missionarische Auftrag gegeben ist. Auch der reformierte Dogmatiker Otto Weber weist – wenn auch nicht in seinem Hauptwerk – in diese Richtung, indem er feststellt, „dass die Gemeinde *wesenhaft* Missionsgemeinde ist". Und fragt weiter: „Wird verstanden, dass

---

12 Nach Kuberski (Wer sandte die ersten Missionare?, S. 15) – und dabei folgt er Harold Cook (Who really sent the first missionaries?, S. 239) – müssen sich jene, die betonen, dass die Sendung der Missionare nur durch die Gemeinde möglich sei, fragen lassen, was zu tun ist, wenn die Gemeinde nicht senden will.

13 Henning Wrogemann, Mission und Religion in der Systematischen Theologie der Gegenwart. Das Missionsverständnis deutschsprachiger protestantischer Dogmatiker im 20. Jahrhundert, Göttingen 1997, S. 142.

14 Hans Schwarz, Grundzüge einer missionarischen Theologie; in: GDJ 2, 1989, S. 90.

15 Wilfried Joest, Dogmatik. Der Weg Gottes mit dem Menschen, Bd. 2, Göttingen 1986, S. 598.

16 Wilfried Joest, Dogmatik, S. 598.

die ganze Intention der Bibel Rettung der Menschen und damit Mission ist?"[17] Auch nach Wolfhart Pannenberg ist das „Selbstverständnis der Kirche als eschatologische Gemeinde", „berufen und gesandt zum Zeugnis an die ganze Menschheit" zu sein.[18] Wie aber kann die Kirche diesen Auftrag erfüllen? Braucht sie kirchenunabhängige Missionsorganisationen? Braucht es innerhalb der Kirchen Strukturen oder Gruppen von Spezialisten, die missionarische Aktionen planen und durchführen? Zu diesen Fragen geben die Systematiker wenig Auskunft.[19]

---

17 Otto Weber, Kirchenmission? Eine Mission in geteilter Vielfalt; in: Die Treue Gottes und die Kontinuität der menschlichen Existenz. Gesammelte Aufsätze, Bd. 1, Neukirchen 1967, S. 158-158.

18 Wolfhart Pannenberg, Systematische Theologie, Bd. 3, Göttingen 1993, S. 549-550.

19 Eine Ausnahme ist wohl Otto Weber, der das Verhältnis von Mission (bzw. Missionswerken) und Gemeinde durchdacht hatte. Siehe dazu Kapitel 7.5 dieser Arbeit.

3. Die Integration von Mission und Kirche im Geschichtsüberblick

3.1 Geschichtliche Entwicklungen bis zum Kirchenkampf

Das problematische Verhältnis von Kirche und Mission im deutschen Protestantismus wurde durch die lutherische Orthodoxie des 17. Jahrhunderts verursacht. Sie unterdrückte den Missionsgedanken, sodass anfänglich weltmissionarische Unternehmungen nicht ins Blickfeld rückten. Nach Peter Zimmerling habe die lutherische Orthodoxie drei Gründe gegen die Mission vorgebracht: 1. Der Missionsbefehl aus Mt 28 sei nur an die Apostel ergangen. 2. Bereits zur Apostelzeit sei das Evangelium in allen Ländern gepredigt worden. 3. Mission sei nicht Sache des Einzelnen oder der Kirche, sondern der Landesherren.[1]

Trotz dieser unmissionarischen Theologie der damals herrschenden lutherischen Orthodoxie brachen später aus Pietismus und Erweckungsbewegung weltmissionarische Unternehmungen auf, die sich neben den Konfessionen bzw. neben dem Hauptstrom theologischen Denkens etablierten. Der Ursprung der Missionsvereine oder Missionsgesellschaften im Protestantismus liegt am Ende des 17. Jahrhunderts.[2] Der amerikanische Missionsmann Rufus Anderson beschrieb in seiner Schrift „Die Zeit für die Bekehrung der Welt ist reif", dass man in der protestantischen Christenheit eine Organisationsform gefunden habe, die für die Verbreitung des Glaubens sehr nützlich sei. Er bezeichnet die Entstehung der Missions-, Bibel- und Traktatgesellschaften, die nicht von der Kirchenleitung, sondern von aktiven Laien getragen werden, als geschichtlichen Wendepunkt im Protestantismus.[3] Kennzeichnend dafür ist die Entstehung der zwei ersten Missionsunternehmungen im deutschsprachigen Raum. Nach Klaus Wetzel war die Ausbreitung der *Collegia Pietatis* Voraussetzung für

---

1 Peter Zimmerling, Pioniere der Mission im älteren Pietismus, Gießen/Basel 1985, S. 8.
2 Andrew F. Walls, Vom Ursprung der Missionsgesellschaften oder: Die glückliche Subversion der Kirchen; in: Evangelikale Missiologie 3, 1987, S. 35.
3 Walls, Vom Ursprung, S. 36.

den Aufbruch des halleschen Pietismus in die Weltmission.[4] Die Arbeit der Dänisch-Halleschen Mission sei nicht denkbar ohne die pietistischen Freundeskreise. Die Gemeinschaft der Bekehrten und Wiedergeborenen nimmt in der Ekklesiologie des halleschen Pietismus einen wichtigen Platz ein[5], sodass man sagen kann, dass sich nicht die Kirche als Ganzes und schon gar nicht die Kirchenleitung auf den Weg zur Weltmission machte.[6] Es waren die pietistischen Kreise innerhalb der lutherischen und reformierten Konfession, die Mission unterstützten und trugen. Ähnlich verlief der Aufbruch zur Weltmission im Herrnhuter Pietismus. Als Ludwig Graf von Zinzendorf die ersten Brüdermissionare aussandte, folgte er keiner fertigen Missionstheologie. Die Sendboten kamen aus Zinzendorfs Zentren. Sie gingen von dort aus, waren aber zunächst konfessionell ungebunden, denn man wollte die alten Konfessionen nicht von Europa nach Übersee tragen oder eine neue Konfession gründen, auch wenn man durchaus den lutherischen und reformierten Bekenntnissen zustimmte.[7]

Auch der lutherische Konfessionalismus des 19. Jahrhunderts beschäftigte sich mit dem Verhältnis von Mission und Gemeinde und betonte die Notwendigkeit der kirchlichen Bindung und die Ordination von Missionaren.[8]

Dieser kurze geschichtliche Überblick zeigt, dass die protestantischen Kirchen als Institutionen und deren Kirchenleitungen anfänglich den weltmissionarischen Aufbrüchen skeptisch oder gar ablehnend gegenüberstanden.

3.2 Das „Barmen" der deutschen Mission und der Versuch, die Missionen in die Reichskirche zu integrieren

Der Kirchenkampf[9] war eine relativ fruchtbare Zeit für die deutsche Missionstheologie, denn die kritischen Anfragen und bisweilen auch das

---

4 Klaus Wetzel, Die theologischen Voraussetzungen für den Aufbruch des Halleschen Pietismus in die Weltmission; in: Reiner Braun / Wolf-Friedrich Schäufele (Hrsg.), Frömmigkeit unter den Bedingungen der Neuzeit. Festschrift für Gustav Benrath zum 65. Geburtstag, Darmstadt/Kassel 2001, S. 103.

5 Wetzel, Die theologischen Voraussetzungen, S. 104.

6 Zimmerling, Pioniere, S. 17.

7 Später erkannte man die Notwendigkeit, eine neue Denomination zu gründen, die Herrnhuter Brüdergemeine (engl. Moravian Church).

8 Aagaard, Mission. Konfession. Kirche, S. 526-724.

9 Der Begriff „Kirchenkampf" ist nicht unumstritten. Da aber sein Gebrauch allgemein in der Literatur üblich ist, wird er auch in dieser Arbeit verwendet.

vehemente Infragestellen der Mission vonseiten der nationalsozialistischen Ideologie[10] führten zu einem intensiven theologischen Nachdenken darüber, was Mission ist oder wie sie sein sollte. Die Missionstheologie jener Tage war herausgefordert, sich dieser radikalen Kritik zu stellen. In dieser Auseinandersetzung wurde die Frage nach der Legitimität von selbstständigen Missionswerken beherrschend. Bisher waren die Missionswerke eigenständige Vereine, die nur lose an die Kirchen angeschlossen waren und autonom geleitet wurden. Im Zuge der nationalsozialistischen Kirchenpolitik, die sowohl die Landeskirchen als auch die Missionswerke unter ihren Machtbereich bringen wollte, wurde die These, dass die Missionswerke unter die „fördernde Obhut" der gleichgeschalteten Reichskirchen gehören, zum Theologumenon deutschchristlicher Agitation.[11] Die Ausgangsfrage war folglich keine theologische, sondern eine kirchenpolitische. Trotzdem hatte diese Frage ihre theologische Relevanz und Berechtigung, denn bis dahin wurde sie kaum diskutiert, obwohl sie ungeklärt war. Das änderte sich durch die Bestimmung des 3. Abschnittes der neuen Kirchenverfassung vom 14. Juli 1933, in der der Zuständigkeitsbereich der Kirche auch

---

10 Z.B. stellte sich der damals sehr einflussreiche Missionstheologe Karl Hartenstein gegen die vernichtende Missionskritik von Alfred Miller, der Mission als Völkerentartung unter dem Kreuz apostrophierte. Siehe dazu Karl Hartenstein, Völkerentartung unter dem Kreuz?, Stuttgart/Basel 1935. Des Weiteren stellte man sich vonseiten der Missionstheologie gegen eine „Nivellierung und Einebnung des Offenbarungsanspruchs Gottes in Christus", wie sie der ehemalige Baseler Missionar Wilhelm Hauer in seiner „Deutschen Gottesschau" vertrat. Vgl. dazu Elmar Spohn, Die notae der wahren Kirche. Beobachtungen zu Karl Hartensteins heilsgeschichtlich-eschatologischer Ekklesiologie; in: ThGespr 29, 2005, S. 47-70. Ebenso bezog man gegen Alfred Rosenbergs antiökumenische Kritik Stellung. Rosenberg hatte in seiner Schrift „Protestantische Rompilger" die Beteiligung deutscher Vertreter an einer ökumenischen Konferenz als dreiste Einmischung in deutsche Verhältnisse und Verrat an Luther bezeichnet. Siehe dazu Frieder Ludwig, Zwischen Kolonialismuskritik und Kirchenkampf. Interaktionen afrikanischer, indischer und europäischer Christen während der Weltmissionskonferenz Tambaram 1938, Göttingen 2000, S. 206. Auch reihten sich Missionstheologen in den Kampf für die bleibende Bedeutung des Alten Testamentes ein. Siehe beispielsweise Karl Hartenstein, Das Alte Testament in der Äußeren Mission; in: Mission und Pfarramt 27, 1935, S. 67-80 und Walter Freytag, Das Alte Testament und die Kirchen (1936); in: Reden und Aufsätze, Bd. 2, München 1961, S. 193-210. Leider gelang es den Missionstheologen jener Jahre nicht, die damals populären (pseudo)schöpfungs- und ordnungstheologischen Ansätze im Missionsdenken, die in ihrer Betonung von Volk und Rasse nationalsozialistischen Idealen nahestanden, kritisch zu beurteilen. Siehe dazu Ludwig, Zwischen Kolonialismuskritik und Kirchenkampf, S. 234-237.
11 Am ausführlichsten beschreibt Christian Goßweiler dieses Thema. Siehe Goßweiler, Unterwegs zur Integration von Mission und Kirche, S. 67-127.

auf die Mission ausgedehnt wurde.[12] Alle kirchlichen Missionswerke sollten unter die „fördernde Obhut" der Reichskirche genommen werden, was in der Interpretation der Deutschen Christen die Gleichschaltung von Mission und Kirche und die vollständige Integration der Mission in die Kirchen bedeutete. Die Missionsdirektoren der großen deutschen Missionswerke, die zudem die führenden Missionstheologen jener Zeit waren, sahen sich veranlasst, gegen diese Einmischung der Reichskirche in ihre eigenen Belange Stellung zu beziehen. Das tat man an der Tagung des Deutschen Evangelischen Missionsbundes (DEMB) in Barmen vom 17.-20. Oktober 1933.[13] Somit hatten die deutschen Missionen ihr „Barmen" schon vor der wichtigen Tagung der Bekennenden Kirche, die erst im Mai 1934 stattfand.[14] Dort formulierte man unter Federführung von Karl Barth die berühmte „Barmer Theologische Erklärung".[15] Sowohl in der „Barmer Denkschrift" (BD) der Missionen als auch in der „Barmer Theologischen Erklärung" der Bekennenden Kirche ging es nicht in erster Linie um Klärung theologischer Sachfragen, sondern um die kirchenpolitische Abgrenzung gegen die „Theologie" der Deutschen Christen. Für meine Arbeit ist die BD insofern wichtig, weil dort Fragen aufgegriffen werden, die das Verhältnis von Kirche und Mission theologisch reflektieren. Deswegen sollen ihre Grundgedanken hier dargestellt werden.

In der BD[16] wird die Mission aus dem organisatorischen und institutionellen Kontext der Deutschen Evangelischen Kirche herausgelöst, um sie in der weltweiten *una sancta* zu verankern. Nicht die Missionswerke sollten unter die Obhut der Kirche genommen werden, sondern die Kirchen sollten sich als Teil der internationalen Missionsbewegung verstehen, die sichtbarer Ausdruck der *una sancta* sei. Der Kirchenbegriff der BD stand diametral dem der Deutschen Christen gegenüber. Denn mit dem Begriff *una sancta* insistierte man auf eine ökumenische Bekenntniskirche,

---

12 Gerold Schwarz, Mission, Gemeinde und Ökumene in der Theologie Karl Hartensteins, Stuttgart 1980, S. 224.

13 Schwarz, Mission, Gemeinde und Ökumene, S. 224-246.

14 Karl Rennstich, Basler Mission und Bekennende Kirche. Weitersagen des Glaubens, Leiden und Wiedergutmachung am Beispiel von Karl Hartenstein; in: Texte und Dokumente 15, 1991, S. 12.

15 Die Literatur über die „Barmer Theologische Erklärung" ist enorm angeschwollen. Meist wird darin nicht auf die „Barmer Denkschrift", die einige Monate zuvor verfasst wurde, eingegangen. Das mag daran liegen, dass die BD nicht veröffentlicht wurde und in ihrem Charakter weit hinter der „Barmer Theologischen Erklärung" mit ihrer radikalen christologischen Zuspitzung und ihren drastischen Anathemata gegenüber deutschchristlichen Irrlehren zurückliegt.

16 Der Text ist abgedruckt bei Lehmann, Kirchenkampf, S. 112-113.

die über Landes- und Konfessionsgrenzen hinweg existiere. Möglich sei deswegen nur eine Integration (oder Partizipation) der deutschen evangelischen Christenheit in die Mission, denn Kirche (bzw. ökumenische Bekenntniskirche) sei dort, wo Mission betrieben werde, und nicht innerhalb institutioneller Mauern der deutschen Reichskirche. Damit hatte man eine ekklesiologische Unterscheidung eingeführt, die zwischen den „kämpferischen Kräften der glaubenden Gemeinde" – wozu man die Missionswerke und ihre Unterstützerkreise zählte – und dem institutionellen Gebilde der deutschen Reichskirche unterscheidet. Mit dieser Argumentation erteilte man dem Eingliederungsversuch der Deutschen Christen eine deutliche Absage.

Die Ereignisse dieser Tage führten zu einem intensiven Nachdenken über das Verständnis von Kirche und Mission. Als Frucht dieses Nachdenkens gelangte man zu vier wichtigen Erkenntnissen:

1. Man erkannte zunehmend die Bedeutung des weltweiten Leibes Christi. Denn ohne diese Erkenntnis drohe der Kirche nationale oder konfessionelle Egozentrik. Der ökumenische Gedanke trat ins Blickfeld.
2. Die Missionen wurden als Bindeglieder des Leibes Christi wahrgenommen. Zwischenkirchliche Aktionen verstanden die Missionsleiter als ihre Aufgabe.
3. Der institutionelle Kirchenbegriff wurde infrage gestellt und durch ein (diffuses) ökumenisches Verständnis von Kirche ersetzt.
4. Die Missionsleiter beriefen sich auf die freiheitliche Tradition der Reformation und der Erweckungsbewegung. Aufgrund dieser freiheitlichen Tradition könne man sich keinem autoritären Führungsanspruch unterwerfen.

Dieser Konsens der führenden deutschen Missionstheologen und Leiter der Missionswerke war natürlich überschattet von kirchenpolitischen Überlegungen, denn nur drei Jahrzehnte später kam es zu einem Umdenken in dieser Frage. Angestoßen wurde dieses Umdenken in der Ökumenischen Bewegung. Dort hatte man die Weltmissionskonferenz mit der Weltkirchenkonferenz zusammengelegt, um zu zeigen, dass Kirche und Mission zusammengehören. Der Modellcharakter dieser Zusammenlegung beeinflusste nachhaltig auch die deutsche Diskussion über Kirche und Mission.

3.3 Die Integration von Internationalem Missionsrat und Ökumenischem Rat der Kirchen 1961 in Neu-Delhi und die Entwicklungen im deutschen Protestantismus

In der Ökumenischen Bewegung, die aus den Strömungen „For Faith and Order" (für Glauben und Kirchenverfassung) und „For Life and Work" (für praktisches Christentum) vor allem aus der Missionsbewegung bzw. aus dem Internationalen Missionsrat (IMR) hervorgegangen war, fasste man schon früh den „Plan of Integration". Theologisch wurde der Integrationsgedanke auf der 5. Weltmissionskonferenz in Willingen 1952 geäußert. Dort hatte Karl Hartenstein (1894–1952) vehement die theologische Erkenntnis vertreten, dass Kirche nur wegen ihrer Mission existiere:

„Das Wesen der Kirche besteht in der Anteilnahme am Heilsplan Gottes, an seiner Sendung zur Erlösung der Welt. Die Mission enthüllt den tiefsten Sinn der Kirche als der Sendung Gottes, der neuen Menschheit, der Erstlingsfrucht der Erlösung. Von der Kirche recht reden heißt reden von ihrer Sendung an die Welt. Die Kirche existiert in ihrer Mission."[17]

Organisatorisch wurde diese Erkenntnis auf der 3. Vollversammlung des Ökumenischen Rates der Kirchen in Neu-Delhi umgesetzt, indem man die Integration von IMR und Ökumenischem Rat der Kirchen (ÖRK) vollzog. Am 19. November 1961 verkündete der griechisch-orthodoxe Erzbischof Jakovos im Auftrag der Vollversammlung des Internationalen Missionsrates und der Vollversammlung des ÖRK, dass diese beiden Räte nunmehr in einer einzigen Körperschaft vereinigt seien, die den Namen „Ökumenischer Rat der Kirchen" trage. Diese Integration hatte Signalwirkung auch für das Verhältnis von Missionsgesellschaften und Landeskirchen in Deutschland.[18] Diese weltweite Entwicklung beeinflusste die deutschen Missionen stark, weil die geschichtlich gewordene organisatorische Trennung von Kirche und Mission als immer fraglicher gesehen wurde. Als sich die Synode der EKD im März 1963 in Bethel unter dem Thema „Mission und Diakonie in ökumenischer Verantwortung" versammelte, wollte man die praktischen Konsequenzen aus dem Integrationsbeschluss von Neu-Delhi ziehen.[19] Das

---

17 Karl Hartenstein, Theologische Besinnung; in: Walter Freytag (Hrsg.), Mission zwischen Gestern und Morgen. Vom Gestaltwandel der Weltmission der Christenheit im Licht der Konferenz des Internationalen Missionsrats in Willingen, Stuttgart 1952, S. 63.
18 Beckmann, Die unvollendete Integration, S. 68.
19 Heinrich Lohmann, Drei Jahre Evangelische Arbeitsgemeinschaft für Weltmission, Stuttgart 1968, S. 327.

geschah dann durch die Verabschiedung einer „Vereinbarung" zwischen der EKD und dem DEMT[20] und durch die Einsetzung eines Vermittlungsausschusses, den man „Evangelische Arbeitsgemeinschaft für Weltmission" (EAGWM) nannte. Dieser sollte die praktischen Fragen klären. Ein vorläufiger Abschluss des Integrationsprozesses wurde 1975 mit der Gründung des „Evangelischen Missionswerk" (EMW) gemacht. Nach Kai Funkschmidt ging dieser Vorgang jedoch nicht reibungslos vonstatten.[21] Denn vonseiten der Missionswerke hatte man die Sorge, in den „landeskirchlichen Verwaltungsapparat" und somit in den „Aktenstaub der Behörde" zu geraten. Auch hinterfragte man den Kirchenbegriff der Landeskirche, den man als ein ungeeignetes Instrument für die Mission empfand.[22] Dabei wurde in der Diskussion die Formulierung „Integration der Missionswerke *in die* Landeskirchen" vermieden. Lieber sprach man von der „Integration von Mission und Kirche", um nicht den Eindruck zu erwecken, als ob man die Missionswerke absorbieren oder einverleiben wolle. Interessant in diesem Zusammenhang ist, dass auch Missionen zum DEMT gehörten, die dem landeskirchlichen Protestantismus fernstanden. Sie konnten nicht einfach in landeskirchliche Strukturen integriert werden. Walter Freytag beschreibt die Situation als unlösbar.[23] Denn eine Reihe von nichtlandeskirchlichen Missionen stünde dem Integrationsplan fremd oder gar ablehnend gegenüber. Vor allem deren unterstützende Kreise und Gemeinschaften beurteilten die ökumenischen Integrationsversuche kritisch. Deswegen – und wegen des missionstheologischen Paradigmenwechsels – konstituierten sich 1972 diese Missionen als „Arbeitsgemeinschaft evangelikaler Missionen" (AEM). An dieser Stelle muss man nun fragen, wie es im nichtlandeskirchlichen Protestantismus mit der Integration von Mission und Gemeinde weiterging. Diese Frage kann in dieser Arbeit nicht flächendeckend beantwortet werden. Jedoch soll am Beispiel der Allianz-Mission der historische Verlauf einer dieser Missionen aufgezeigt und die Überlegungen zu dieser Frage, wie sie von den Verantwortlichen geäußert wurden, dargestellt werden.

---

20 Diese „Vereinbarung" ist abgedruckt in Lohmann, Drei Jahre Evangelische Arbeitsgemeinschaft für Weltmission, S. 330-332.
21 Kai Funkschmidt, Zur Integration von Kirche und Mission im landeskirchlichen Protestantismus; in: Dahling-Sander/Schulze/Werner/Wrogemann, Leitfaden, S. 155.
22 Menzel, Die Rheinische Mission, S. 386.
23 Walter Freytag, Integration (1958); in: Reden und Aufsätze, Bd. 2, S. 110.

4. Die erste Phase des Eingliederungsprozesses der Allianz-Mission in den Bund der Freien evangelischen Gemeinden: Ablehnung

4.1 Überblick zur Frühgeschichte der Deutschen China-Allianz-Mission

Die DCAM ist eine der ersten Missionen in der Bewegung der sog. Glaubensmissionen in Deutschland.[1] Das geistige Umfeld ihrer Entstehung ist die Heiligungsbewegung.[2] Zwischenzeitlich ist Stephan Holthaus zu der Überzeugung gelangt, dass man besser von der Heiligungs- und Heilungsbewegung sprechen müsse.[3] In seinem umfangreichen Buch zur Geschichte der Heiligungsbewegung[4] nimmt er jedoch dann den Begriff „Heiligungs- und Heilungsbewegung" nicht mehr auf. Der Zusammenhang von Heiligungsbewegung und Heilungsbewegung wird in dieser Arbeit jedoch besonders betont, weil die Geschichtsforschung zur DCAM diese Erkenntnis bestätigt. Das zeigt sich im Besonderen durch den turbulenten Anfang der DCAM, der mit der rheinischen Heilungsbewegung um den Evangelisten

---

1 Die erste Glaubensmission in Deutschland war die 1882 gegründete Neukirchener Mission, 1889 folgte die DCAM. Von 1896 bis 1899 war die Episode der Kieler Mission, 1899 entstand der deutsche Zweig der China Inland Mission (später Liebenzeller Mission) und 1900 die Sudan Pionier Mission. Später kamen der Deutsche Frauen-Missions-Bund, 1903 die Mission für Süd-Ost-Europa, 1904 die Evangelische Karmelmission und 1908 die Christoffel-Blindenmission dazu. Zwischen den Weltkriegen wurden 1920 Licht im Osten, 1927 die Gnadauer Brasilien-Mission, 1929 die Marburger Mission und 1932 die Marburger Brasilien-Mission gegründet. Siehe Fiedler, Glaubensmissionen, S. 35-36.

2 Stephan Holthaus, Heil, Heilung, Heiligung. Die Geschichte der deutschen Heiligungs- und Evangelisationsbewegung (1875–1909); in: JETH 11, 1997, S. 167.

3 So Holthaus noch 1997. Siehe Holthaus, Heil, Heilung, Heiligung, S. 160–197. Es ist bis heute nicht gelungen, einheitliche Begriffe zu finden. Für diese Arbeit wird der Begriff „Heiligungsbewegung" verwendet, um damit die Bewegung innerhalb der Erweckungsbewegung (oder des Neupietismus bzw. des Evangelikalismus) zu bezeichnen, die in ihrer Frömmigkeit Heiligung und Heilung besonders betonte.

4 Stephan Holthaus, Heil, Heilung, Heiligung. Die Geschichte der deutschen Heiligungs- und Evangelisationsbewegung (1874–1909), Gießen 2005.

und Heiler Peter Samanns verbunden war.[5] Der wichtigste Impuls für die Gründung der DCAM kam jedoch von James Hudson Taylor.[6] Seine „Glaubensgrundsätze" stießen auf große Sympathien in Kreisen der deutschen Heiligungsbewegten, zu denen auch die Gründer der DCAM gehörten. Als noch bedeutender muss Taylors berühmter Aufruf zur Missionierung Chinas eingeschätzt werden.[7] Taylor hatte unter anderem den Gedanken geäußert, dass jeden Monat eine Million Chinesen ungerettet stürben, wenn sie nicht die Möglichkeit bekämen, das Evangelium zu hören.[8] Auch verschiedene, weitverbreitete eschatologische Vorstellungen[9] motivierten zur Missionstat. Die Gründer der DCAM standen unter dem Eindruck dieser Gedanken, als sie 1889 die DCAM ins Leben riefen. Dabei ging es der DCAM und anderen Glaubensmissionen nicht um eine Gegenbewegung zu den klassischen Missionen, mit denen man in den wesentlichen Punkten übereinstimmte.[10] Bei den klassischen Missionen stießen jedoch die Fokussierung auf die Eschatologie und der Enthusiasmus, der sich speziell in der Anfangszeit der DCAM zeigte, auf Ablehnung. Die Anfänge der DCAM lassen sich deswegen am besten mit den Worten „Sturm und Drang" beschreiben. Der ehemalige China-Missionar und Tübinger

---

5 Vgl. Jung, Vom Kampf der Väter, S. 17-76 und Walter Hermes, Samanns Akte. Unveröffentlichtes Manuskript, Witten 1934. An dieser Stelle muss darauf hingewiesen werden, dass es auch Vertreter der Heiligungsbewegung gab, die nicht mit Heilungslehren in Zusammenhang gebracht werden dürfen. Deswegen wird im Folgenden nur der Begriff „Heiligungsbewegung" gebraucht. Zum Einfluss der Heiligungsbewegung auf die Glaubensmissionen und deren theologiegeschichtlichen Hintergrund siehe Fiedler, Glaubensmissionen, S. 210-244.

6 Taylor war ein beliebter Gast in den Kreisen der Heiligungsbewegung. Insbesondere die Leitung der DCAM lud ihn öfters zu sich ein, was zu ihrer Annerkennung in weiteren kirchlichen Kreisen beitrug. Der missionseigene Verlag gab in der Folgezeit eine Biografie über Hudson Taylor sowie einige seiner Schriften bzw. seiner Vorträge heraus. Siehe dazu Howard Taylor/Geraldine Taylor, Hudson Taylor. Ein Lebensbild, 2 Bde., Barmen 1925; Hudson Taylor/Friedrich Wilhelm Baedeker, Missions-Vorträge, Barmen 1893; Hudson J. Taylor, Das Hohelied, übers. von Carl Polnick, Barmen 1898 und Hudson Taylor, Die blaue Schnur und andere Bibelstudien, Barmen 1905.

7 Franz, Mission ohne Grenzen, S. 86-90.

8 Gustav Stählin, Die Endschau Jesu und die Mission; in: EMZ 7, 1950, S. 142.

9 Lucian Hölscher, Weltgericht oder Revolution. Protestantische und sozialistische Zukunftsvorstellungen im deutschen Kaiserreich, Stuttgart 1989, S. 74-125.

10 Fiedler, Glaubensmissionen, S. 304.

Missionstheologe Wilhelm Oehler[11] übte im Rückblick heftige Kritik an den Ereignissen, die zur Gründung der DCAM führten. So sei ihr Gründer Fredrik Franson „ein merkwürdiger Mann gewesen", der „in Berlin und Barmen eine solche religiöse Erregung" hervorrief, „daß es durch die Gegner zu blutigen Zusammenstößen in den Versammlungen kam und die Polizei einschreiten musste".[12] Ähnliches beschreibt auch der Wuppertaler Pfarrer und Heimatgeschichtsforscher Gerhard Werner in seinem Büchlein zur religiösen Stadtgeschichte Wuppertals. Besonders abfällig beurteilt er die Evangelisationstätigkeit Fransons:

„Franson schreckte aber nicht davor zurück, die Bekehrungssüchtigen, darunter unwissende Kinder, mit Gewalt zu Boden werfen zu lassen und Bekenntnisse aus ihnen herauszupressen. Das ganze Gebaren erregte denn auch bald unter der Bevölkerung solchen Abscheu, dass seine Versammlungen zuletzt wegen der Unruhen und der Drohungen, die gegen ihn laut wurden, polizeilich geschlossen werden mussten."[13]

Auch wenn Oehlers und Werners Berichte polemisierend sind, so zeigt sich doch deutlich, dass die Anfänge der DCAM von einer aggressiven, enthusiastischen und zudem dezidiert außerkirchlichen Bewegung getragen wurden, die auf viel Kritik und Ablehnung stieß. Es ist das Verdienst von August Jung, die Anfänge der DCAM und die heftigen Reaktionen darauf genau erforscht und beschrieben zu haben.[14] Trotzdem soll hier im Folgenden auf die Kontroversen der Anfangszeit eingegangen werden, die interessanterweise zwischen der Mission und dem Gemeindebund der Freien evangelischen Gemeinden auftraten.

---

11 Wilhelm Oehler darf nicht mit dem Baseler Missionsinspektor Theodor Friedrich Oehler (1850–1915) verwechselt werden. Andreas Franz (Mission ohne Grenzen, S. 102) und im Anschluss an ihn Volker Dickel (Die Geschichte der Allianz-Mission, S. 46) schrieben Wilhelm Oehler die Verfasserschaft des Artikels „Gedanken zur Mission und Evangelisation" zu, der im EMM 1884, S. 177-188 erschienen ist und worin Theodor Friedrich Oehler die Theologie und Praxis der DCAM bzw. die der CIM kritisierte. Dazu siehe unten. Zu Wilhelm Oehler siehe Christof Sauer, Missionswissenschaft in Tübingen – Eine historische und bibliographische Skizze; in: Thomas Schirrmacher (Hrsg.), Kein anderer Name. Die Einzigartigkeit Jesu Christi und das Gespräch mit nichtchristlichen Religionen. Festschrift zum 70. Geburtstag von Peter Beyerhaus, Nürnberg 1999, S. 50-51 und Werner Raupp, Oehler, Wilhelm; in: BBKL Bd. VI, Sp. 1128-1131.

12 Wilhelm Oehler, China und die christliche Mission in Geschichte und Gegenwart, Stuttgart 1925, S. 201.

13 Gerhard Werner, Die Stillen in der Stadt. Eine Betrachtung über die Sekten, Freikirchen und Glaubensgemeinschaften Wuppertals (Beiträge zur Geschichte und Heimatkunde des Wuppertals, Bd. 3), Wuppertal 1956, S. 41.

14 Jung, Vom Kampf der Väter.

4.2 Die Kontroversen der Anfangszeit

In der Geschichtsschreibung der AM betonte man stets den Allianzcharakter des eigenen Werkes, indem man darauf hinwies, dass die Gründer Mitglieder der Landeskirche bzw. der verschiedenen bekannten Freikirchen des Wuppertals waren.[15] In diesen Aufzählungen werden auch zwei Mitglieder der Freien evangelischen Gemeinden erwähnt. Was jedoch unerwähnt blieb, ist die Tatsache, dass ebendiese beiden Personen wegen ihres Engagements für die DCAM aus der Freien evangelischen Gemeinde ausgewiesen wurden. Alles begann mit den Evangelisationsveranstaltungen des schwedisch-amerikanischen Evangelisten Fredrik Franson (1852–1908) im Wuppertal, die dort auf heftigen Widerstand stießen.[16] In Carl Polnick (1856–1919), einem Kaufmann, fand Franson jedoch einen Gesinnungsgenossen und Förderer. Dazu gesellten sich noch andere, die Franson und dann später den von Franson und Polnick gegründeten Allianz-Missions-Verein unterstützten. Zu diesen Personen gehörten auch der Metzgermeister Wilhelm Riesmann (1849–1912) und Gustav Wuester, die beide Mitglieder der Freien evangelischen Gemeinde in Elberfeld-Barmen waren. Da Riesmann versuchte, andere für die Sache des Allianz-Missions-Vereins zu gewinnen, musste es zu einer Auseinandersetzung mit der Gemeindeleitung kommen. Vor allem Heinrich Neviandt (1827–1921), Prediger dieser Gemeinde und Vorsteher des Bundes der Freien evangelischen Gemeinden, dem das Wirken Fransons schon immer suspekt war, sah sich veranlasst, Schritte gegen Fransons und Polnicks „Schwärmereien" zu unternehmen. Es ist zu vermuten, dass Neviandt befürchtete, Fransons Einfluss würde seine Gemeinde spalten. Deswegen forderte er in Übereinstimmung mit dem Ältestenkreis Riesmann und Wuester zu einer Aussprache auf. Da die betreffenden „Brüder" zu einer Verständigung nicht bereit waren, wurden

---

15 Bussemer, Karl Engler, S. 66; Polnick, Carl Polnick. Ein Lebensbild, S. 20 und H[einz] Müller, Allianz-Mission; in: ELThG 2, I, Sp. 40.

16 Es könnte der Eindruck entstehen, als ob Fransons Evangelisationen nur auf Ablehnung stießen. Das war jedoch nicht der Fall. In der neueren freievangelischen Geschichtsschreibung werden die ablehnenden Reaktionen sowohl von kirchlicher, freikirchlicher als auch von säkularer Seite zu vehement betont, was zu einer einseitigen Betrachtung führt. Siehe z.B. Jung, Vom Kampf der Väter, S. 79–140. In diesem Kapitel muss aber auf den Widerstand vonseiten der Freien evangelischen Gemeinde in Wuppertal-Elberfeld-Barmen hingewiesen werden, um zu zeigen, dass die Anfänge der DCAM selbst in freievangelischen Kreisen nicht nur auf Zustimmung stießen.

sie aus der Gemeinde ausgewiesen.[17] Die Hintergründe dieser drastischen Maßnahme muss man in den turbulenten Ereignissen jener Tage suchen. Die evangelistische Tätigkeit Fransons stieß nicht nur auf Ablehnung, sondern war mitunter sehr erfolgreich. Nach internen Angaben[18] bekehrten sich in Fransons Veranstaltungen in kürzester Zeit mehrere Hunderte Menschen.[19] Da Franson nicht im Auftrag einer Gemeinde evangelisierte und es ungeklärt blieb, wo die Neubekehrten ihre gemeindliche Zugehörigkeit finden konnten, warf man ihm Gemeindespaltung vor. Aus der Evangelisationsbewegung um Franson und Polnick entstand ein Kreis, der sich in Polnicks Wohnung in Wuppertal-Barmen versammelte. Er wurde zuerst „Pannewiesen-Kreis", nach der Straße, in der Polnick wohnte, genannt. Aus diesem Kreis entstand dann der Allianz-Missions-Verein, aus dem sich die Zweigarbeit der DCAM bildete. Dieser Kreis musste von den etablierten Kirchen und Gemeinden als Konkurrenz aufgefasst werden, zudem dort auch Glieder ihrer Gemeinden aktiv wurden. Es ist jedoch nicht davon auszugehen, dass Neviandt aufgrund von Neid oder Missgunst gegen Franson öffentlich Stellung bezog, auch empfand er keine Ressentiments gegen konfrontative Evangelisationsveranstaltungen, hatte man doch in seine Gemeinde den Indienmissionar Samuel Hebich (1803–1868) zu Evangelisationen eingeladen[20], dessen kompromisslose Verkündigung oft ebenso tumultartige Szenen hervorrief[21] wie die von Franson. Was Neviandt zu diesem Schritt veranlasste, war die Schrift von Franson „Weissagende Töchter", in der er den Predigtdienst seiner Evangelistinnen verteidigte.[22] So kam es, dass sich Neviandt in der Generalversammlung des evangelischen Brüdervereins, dessen Vorsitzender er war[23], am 24. Juni 1890 in einem Vortrag, der später veröffentlicht wurde[24], zu der Tätigkeit Fransons äußerte. Vehement

---

17 Jung, Von Kampf der Väter, S. 125-128. Es ist ungeklärt, warum man sich nicht einigen konnte.

18 Der tatsächliche Erfolg lässt sich nicht mehr ermitteln. Jedoch wurden die Evangelisationsveranstaltungen Fransons von den Wuppertaler Zeitungen aufgenommen, was darauf hindeutet, dass der Erfolg nicht unwesentlich war. Vgl. Jung, Vom Kampf der Väter, S. 102-105.

19 Polnick, Carl Polnick. Ein Lebensbild, S. 18.

20 Zimmermann, Der Weg Freier evangelischer Gemeinden zur Außenmission, S. 330.

21 Michael Graebsch, Die Missionspredigt Samuel Hebichs 1860 in Basel; in: Braun/ Schäufele, Frömmigkeit unter den Bedingungen der Neuzeit, S. 249-260.

22 Fredrik Franson, Weissagende Töchter, Emden 1890.

23 Neviandt hatte hohes Ansehen in Kreisen der Erweckten und war weithin bekannt. Siehe dazu Richard Schmitz, Heinrich Neviandt. Ein Lebensbild, Witten 1926, S. 81.

24 Dieser Vortrag wurde oft nachgedruckt. Zuletzt in Jung, Vom Kampf der Väter, S. 238-256, welcher hier benutzt wurde.

greift er darin Fransons Evangelisationen an, die „nicht zur Einigung der Kinder Gottes beitragen, sondern vielmehr Trennungen und Parteistellungen unter den Gläubigen hervorgerufen" haben.[25] Desgleichen griff er auch die Evangelisationsmethode Fransons an, wonach Bekehrungswillige in Nachversammlungen zur Bekehrung gedrängt würden.[26] Schließlich setzte er sich kritisch mit Fransons Schrift „Weissagende Töchter" auseinander und bekämpfte vehement Fransons Argumente für „das Auftreten der Frauen vor einem gemischten Publikum".[27] Auch kritisierte Neviandt Fransons Rekrutierung von Missionsmitarbeitern, denn sein Vorgehen zeige wenig Nüchternheit und führe dazu, dass junge Leute törichte Entscheidungen treffen, deren Tragweite sie nicht überblicken könnten.[28] In der Folgezeit verhärteten sich die Fronten. Zu einer Einigung fand man nicht, obwohl man gar nicht so weit auseinanderstand, denn sowohl Neviandt[29] als auch Franson[30] und Polnick[31] waren Vertreter der Heiligungsbewegung. Somit war diese Auseinandersetzung in gewisser Weise ein Streit unter Gesinnungsgenossen. Jedenfalls waren die Vorzeichen für ein Zusammenkommen von DCAM und dem Bund Freier evangelischer Gemeinden, von diesen Anfangsbedingungen aus gesehen, schlechterdings ungünstig.

---

25 Neviandt in Jung, Vom Kampf der Väter, S. 240.
26 Neviandt in Jung, Vom Kampf der Väter, S. 239-246.
27 Neviandt in Jung, Vom Kampf der Väter, S. 247-256.
28 Neviandt in Jung, Vom Kampf der Väter, S. 246.
29 Holthaus, Die Geschichte der deutschen Heiligungsbewegung, S. 311-312.
30 Holthaus, Die Geschichte der deutschen Heiligungsbewegung, S. 501.
31 Holthaus, Die Geschichte der deutschen Heiligungsbewegung, S. 383.

5. Die zweite Phase des Eingliederungsprozesses der Allianz-Mission in den Bund der Freien evangelischen Gemeinden: Annäherung

5.1 Die ekklesiologische Konsolidierung der Deutschen China-Allianz-Mission durch die Annäherung an kirchliche und freikirchliche Kreise

Es wurde nun deutlich, dass die DCAM außerhalb kirchlicher und freikirchlicher Strukturen ihren Anfang hatte. Die Gründer betonten stets soteriologische Kategorien sowohl für die Rekrutierung von Missionaren als auch bei Fragen der Besetzung des Missionskomitees. Man war bereit, mit allen „Kindern Gottes" zusammenzuarbeiten, ganz unabhängig von ihrer konfessionellen Zugehörigkeit.[1] Die Gründer der DCAM blendeten denominationelle Kategorien fast völlig aus. Man gab sich in den Anfangsjahren kaum theologische Rechenschaft darüber, welche Organisationsform die Missionsarbeit zu tragen habe oder wer Missionare berufen und senden dürfe. Jedenfalls gibt es keine theologischen Reflexionen in den Publikationen der DCAM dazu. Bemerkenswert sind die Ausführungen eines frühen Kritikers an der „Theologie" und Praxis der schwedischen Allianz-Missionen jener Zeit.[2] So sei man – nach einem kritischen Artikel von Peter Berlin von 1893 – in Fransons Allianz-Mission in China von einer „Gemeindebildung" noch weit entfernt, „da es an jeglicher Gemeindeordnung" fehle.[3] Doch dieses scheinbare Desinteresse an ekklesiologischen Kategorien habe nach Berlin eine missionstheologisch reflektierte Ursa-

---

1 Dreibholz/Dannert/Schnepper/Sprenger, 50 Jahre Allianz-China-Mission, S. 3.

2 Dass man vonseiten der DCAM eine geistliche Verwandtschaft zu den schwedischen Allianz-Missionen empfand, wird durch viele Äußerungen der DACM deutlich. Was an den schwedischen Allianz-Missionen kritisiert werden konnte, traf in gleicher Weise auch die DCAM. Deswegen verteidigte man sie vonseiten der DCAM auch vehement: „Da Evangelist Franson und Missionar Olson, zu denen wir in eng freundschaftlichem Verhältnisse stehen, in dieser Abhandlung genannt werden, so fühlen wir uns gedrungen, das Hauptsächliche aus dieser Kritik mitzuteilen." Siehe anonym, Die freikirchlichen Missionsunternehmungen in Schweden; in: China-Bote 2, 1894, S. 59.

3 Peter Berlin, Die freikirchlichen Missionsunternehmungen in Schweden; in: AMZ 20, 1893, S. 543.

che. So wollte man keine „heimische Kirchenverhältnisse auf ein fremdes Volk" übertragen. Man wollte „den fremden Völkern" in ekklesiologischen Fragen die Freiheit lassen, wie sie selbst „christliche Formen und Lebensordnungen" gestalten wollen. Sie hätten die Bibel, und das sei genug, um „einer ihrer Volksindividualität entsprechenden Entwicklung" Genüge zu tun.[4] Später, im Jahr 1910, heißt es dann in den „Grundsätzen und Regeln der Deutschen China-Allianz-Mission", dass es das Bestreben der Mission sein müsse, „schriftgemäße Gemeinden zu gründen, die sich selbst unterhalten, indem sie ihre Evangelisten, Lehrer, Helfer und Bibelfrauen selbst bezahlen, ihre Versammlungsräume aus eigenen Mitteln erbauen und sich unter Leitung des Heiligen Geistes selbst regieren und ausdehnen".[5] Die Nähe dieser Aussage zu den von Rufus Anderson und Henry Venn aufgestellten Kriterien der Selbstverwaltung, des Selbstunterhaltes und der Selbstausbreitung ist unübersehbar und zeugt von missionstheologischer Kompetenz der DCAM. Überdies folgte man schon in den Anfangsjahren ekklesiologischen Konzepten, auch wenn diese noch nicht gründlich reflektiert und explizit geäußert wurden.[6] Diese waren aber soteriologischen Gesichtspunkten nachgeordnet.[7] Auch wird die Frage nach dem Ziel der Missionsarbeit, soweit es sich eruieren lässt, soteriologisch bzw. eschatologisch begründet. Das ekklesiologische Ziel, Gemeinde zu gründen, hatte in den schriftlichen Äußerungen kaum Bedeutung.[8] Das ist kaum verwunderlich, denn die Missionsbewegung der Glaubensmissionen nahm ihren Ursprung in Kreisen der Heiligungsbewegung, deren Ekklesiologie auf

---

4 Berlin, Die freikirchlichen Missionsunternehmungen, S. 547.
5 Grundsätze und Regeln der Deutschen China-Allianz-Mission, Barmen 1910, S. 11.
6 Dazu siehe Kapitel 7.1 dieser Arbeit.
7 Nach der kritischen Darstellung von Peter Berlin gehe es den schwedischen Allianz-Missionen vor allem darum, „Seelen zu retten". So sei es „genug, sterbende Chinesen für den Heiland zu gewinnen", und es „bedarf für die Sammlung und Bewahrung (...) der Bekehrten keiner besonderen Veranstaltung". Siehe Berlin, Die freikirchlichen Missionsunternehmungen, S. 547.
8 Eine Ausnahme ist der 1899 im China-Boten erschienene Aufsatz „Die Aufgabe der Kirche Christi", in dem der Pastor und China-Missionar P. Kranz betont, dass Weltmission Ziel und Endzweck kirchlicher Existenz sei. Siehe P. Kranz, Die Aufgabe der Kirche Christi; in: China-Bote 8, 1899, S. 25-26.

der gemeinsamen Erfahrung ihrer speziellen Frömmigkeit beruht.[9] Man definierte sich nicht durch die Zugehörigkeit zu einer partikularen Denomination oder Konfession, sondern durch die Zugehörigkeit zu jenen, die eine individuelle Heiligungserfahrung erlebt hatten. Andere Faktoren, nämlich dezidiert säkulare, wie der zunehmende Individualismus und das neue Vereinsrecht, eröffneten den Weg zur ekklesiologischen Unabhängigkeit. Nach Artikel 12 der Preußischen Verfassungsurkunde vom 31. Januar 1850, in dem „die Freiheit des religiösen Bekenntnisses, der Vereinigung zu Religionsgesellschaften und der gemeinsamen häuslichen und öffentlichen Religionsausübung gewährleistet wird", war eine Genehmigung neuer Gemeinden, religiöser Vereine oder Missionswerke durch Staats- oder Kirchenorgane nicht mehr nötig.[10] Man konnte nun Mission treiben, ohne einer etablierten Kirche oder kirchlichen Gemeinschaft anzugehören. Die Initiatoren der DCAM gründeten auf diesem Hintergrund ihre Mission im Bewusstsein, zu einer größeren „Gemeinschaft" zu gehören als zu einer verfassten Kirche, nämlich zur internationalen Bewegung derer, die ihnen in ihrer Frömmigkeit nahestanden. So konnte man die vehemente Kritik der etablierten Kirchen in den Anfangsjahren mit Gelassenheit ertragen, weil man gefühlsmäßig zu einer übergeordneten ekklesiologischen Kategorie gehörte. Diese religionspsychologischen Überlegungen sind enorm wichtig, um zu verstehen, was sich in der Folgezeit ereignete. Die Heilungsbewegung verlor zunehmend an Einfluss. Der Grund dafür wird allgemein in der Entstehung der Pfingstbewegung aus den Kreisen

---

9 Diese Erfahrung war ein Heiligungs- oder Heilungserlebnis. Wolfgang Heinrichs weist darauf hin, dass der von der Heiligungsbewegung für sich reklamierte Begriff der „Heiligung" theologisch relativ unscharf ist. Siehe Wolfgang Heinrichs, Rezension zu Karl Heinz Voigt, Die Heiligungsbewegung zwischen Methodistischer Kirche und Landeskirchlicher Gemeinschaft; in: ThGespr 25, 2001, S. 107. Das wird vor allem durch die verschiedenen Ausprägungen der Heiligungserlebnisse und deren wiederum divergierende theologische Deutungen erkennbar. Deshalb ist es m.E. sinnvoller, von einer gewissen Ausprägung der Frömmigkeit zu sprechen, als von einem theologischen Konzept. Besonders wenn man nach dem ekklesiologischen Verständnis der Heiligungsbewegung fragt, zeigen sich sofort die gemeinsamen Erfahrungen der Heiligung bzw. der Heilung und der gemeinsam gelebte Frömmigkeitsstil als verbindende „ekklesiologische" Motive. Vgl. dazu Jörg Ohlemacher, Einführung; in: Paul Fleisch, Die Heiligungsbewegung. Von den Segenstagen in Oxford 1874 bis zur Oxford-Gruppen-Bewegung Frank Buchmanns, Gießen 2003, S. xi-xiii.
10 Hartmut Weyel, Kirchliche und staatliche Reaktion auf die Gründung der ersten Freien evangelischen Gemeinde; in: Wolfgang Dietrich (Hrsg.), Ein Act des Gewissens. Dokumente zur Frühgeschichte der Freien evangelischen Gemeinden (Geschichte und Theologie der Freien evangelischen Gemeinden, Bd. 2), Witten 1988, S. 139.

der Heiligungsbewegten gesehen.[11] Jedoch sind auch andere Faktoren zu konstatieren, wie beispielsweise der zunehmende Nationalismus und die Wahrnehmung theologischer Schwächen, die sich in der damals gängigen Praxis der Widerrufung einer bestimmten Heiligungs- bzw. Heilungslehre zeigte. Das Abflauen der Heiligungsbewegung musste sich auch auf die DCAM auswirken. So war man gezwungen, die Richtung neu zu bedenken. Zwar kam es nicht zu einer radikalen Änderung und man kann auch nicht von einer bewusst vollzogenen und theologisch durchdachten Richtungsänderung sprechen. Jedoch vollzog sich ein religionspsychologisch bedeutsamer Wandel, der sich auf das ekklesiologische Verständnis der Mission auswirkte. Man wollte – auch wenn das eher unbemerkt geschah – nunmehr keine Gruppe außerkirchlicher Sonderlinge sein. So war man in der Vergangenheit, trotz der Außenseiterrolle, selbstsicher genug, sich in der Auseinandersetzung mit Vertretern der kirchlichen Missionstheologie wie Peter Berlin[12] und Theodor Friedrich Oehler[13] zu positionieren. Berlin und Oehler kritisierten, dass die Missionare der Allianz-Missionen bzw. CIM ungenügend ausgebildet seien und dass man auf eine übereilte Aussendung der Missionare dränge und sogar ledige Frauen zum Einsatz kämen.[14] Des Weiteren kritisierte man die Bekenntnislosigkeit dieser Missionen[15] sowie die Berufung von jugendlichen, einheimischen Mitarbeitern[16]

---

11 Holthaus, Heiligungsbewegung, S. 551-554.

12 Berlin, Die freikirchlichen Missionsunternehmungen, S. 537-557.

13 [Theodor Friedrich] Oehler, Gedanken über Evangelisation und Mission; in: EMM 28, 1894, S. 177-188. Theodor Friedrich Oehler (1850–1915) war Missionsinspektor der Basler Mission. Zu Theodor Friedrich Oehler siehe Werner Raupp, Oehler, Theodor Friedrich; in: BBKL Bd. VI, Sp. 1125-1128. Sein Neffe Wilhelm Oehler nahm später die Kritik seines Onkels an der ACM in seinen missionsgeschichtlichen Darstellungen wieder auf. Siehe Oehler, China und die christliche Mission, S. 201 und Wilhelm Oehler, Geschichte der Deutschen evangelischen Mission. Reife und Bewährung der deutschen evangelischen Mission 1885–1950, Bd. 2, Baden-Baden 1951, S. 48-50.

14 Berlin, Die freikirchlichen Missionsunternehmungen, S. 547-551 und Oehler, Gedanken, S. 185. Dabei ging es um den „Heiligungsbund in Nerike" (Helgeseförbundet i Nerike) und um die von Franson ins Leben gerufene schwedische „Alliancemission". Berlin erwähnt sowohl Franson als auch den in der DCAM sehr angesehenen Philosophiestudenten und China-Missionar Emmanuel Olsen.

15 Berlin, Die freikirchlichen Missionsunternehmungen, S. 546.

16 Oehler, Gedanken, S. 179-180.

und die Praxis der Gebetsheilung als normales Missionsmittel.[17] Vonseiten der DCAM verteidigte man sich selbstbewusst, da man den angegriffenen Missionen nahestand und mit Fransons Missionsmethoden übereinstimmte, die in diesen Artikeln heftig kritisiert wurden. So sei eine Hochschulbildung nicht nötig, denn Jeremia und Jona seien schließlich auch rasch für ihren Dienst berufen worden.[18] Ferner können Ausbildung und lange Vorbereitungszeiten nicht gewährleisten, dem Heidentum gegenüber standzuhalten. Dazu sei Glauben nötig, denn der „Glaube ist es, der die Welt überwindet, nicht die Lehre".[19]

In der Folgezeit war man nun um Annäherung an das kirchliche Establishment der Gemeinschaftsbewegung und der Freikirchen bemüht. Das zeigt sich in der Berufung von Leitungspersonen, die dem anfänglichen Enthusiasmus nicht unkritisch gegenüberstanden. Hatte man in den Anfangszeiten rigide Rekrutierungsmethoden, eschatologische Spekulationen, Gebetsheilung als Missionsmethode und den Predigtdienst von Missionarinnen vor gemischtem Publikum propagiert, so wurden diese immer mehr zurückgedrängt. Dabei blieb theologisch gesehen die Konzentration auf soteriologische und eschatologische Kategorien unverrückt und zeigte auch weiterhin ihre motivierende Kraft. Freilich geschah diese Annäherung in Kontinuität zu anderen zeitbedingten Ereignissen. So suchten auch andere Glaubensmissionen Akzeptanz in den kirchlichen, deutschen Missionskreisen zu erlangen. Das scheiterte anfänglich jedoch an dem unkirchlichen Missionsverständnis der Glaubensmissionen, das gegen die vorherrschende Missionstheologie Gustav Warnecks stand.[20] Nach Thomas Kothmann stand das Plantationsmodell der klassischen Missionstheologie

---

17 Berlin, Die freikirchlichen Missionsunternehmungen, S. 552; Peter Berlin, Die modernen Allianz-Missionen, in: AMZ 24, 1897, S. 117-118. Durch die Arbeit von Volker Dickel entsteht der Eindruck, dass Berlin schon 1893 die Praxis der Gebetsheilung bei der DCAM kritisiert hätte. Siehe dazu Dickel, Die Geschichte der Allianz-Mission, S. 45. Das ist jedoch nicht richtig, denn die DCAM wird in dem Artikel von 1893 gar nicht erwähnt. Erst später, in Berlins Artikel von 1897, wird die DCAM und ihre Missionspraxis der Gebetsheilungen explizit erwähnt. Wahrscheinlich verwechselte Dickel die Aufsätze „Die modernen Allianz-Missionen" von 1897 und „Die freikirchlichen Missionsunternehmungen in Schweden" von 1893 miteinander.

18 Anonym, Evangelisation und Mission, in: China-Bote 2, 1894, S. 86.

19 Anonym, Evangelisation und Mission, S. 86.

20 Vergleicht man Warnecks Position mit der ebenfalls populären Position Wilhelm Löhes (1808–1872), für den Mission gleichbedeutend mit der *plantatio ecclesia lutherana* war, dann wird man Warnecks ekklesiologische Position der *plantatio ecclesia*e als moderat bezeichnen können.

dem Konversionsmodell der Glaubensmissionen gegenüber.[21] Nun suchte man, ohne das Konversionsmodell aufzugeben, in allen Kreisen der Erweckten, auch in jenen, die der Heiligungsbewegung reserviert oder gar ablehnend gegenüberstanden, nach Unterstützung. Für diese Entwicklungsphase der DCAM stehen die Namen Eduard Zantop, Karl Engler und Wilhelm Rosenkranz.

5.2 Die theologische Konsolidierung der Deutschen China-Allianz-Mission durch Eduard Zantop

Carl Polnick, der Gründer der DCAM, wurde zwar von vielen in den Kreisen der Erweckten für seinen unermüdlichen Missions- und Glaubenseifer gerühmt[22], jedoch werden einige seinem Enthusiasmus und seinen lehrmäßigen Übertreibungen mit gewisser Distanz gegenübergestanden haben.[23] Zu diesen Lehren muss man seine radikale Einstellung zur Krankenheilung zählen. Polnick war davon überzeugt, dass alle Krankheiten durch Gebet geheilt werden können. Ärztliche und medizinische Hilfe lehnte er kategorisch ab. Seine Meinung änderte er erst, als er nach einem schrecklichen Unfall selbst Hilfe brauchte. Polnick befand sich auf einer Zugreise in Italien. Als der Zug eine Station vor Venedig einen kurzen Aufenthalt hatte, begab man sich in das Restaurant. Als der Zug sich wieder in Bewegung setzte, sprangen alle rechtzeitig wieder auf. Polnick jedoch, der an starker Kurzsichtigkeit litt, gelang es nicht, auf den rollenden Zug aufzuspringen. Er verfehlte das Trittbrett und wurde von dem fahrenden Zug einige Meter mitgeschleift und blieb lebensgefährlich verletzt auf dem Bahnhof liegen. Seine Verletzungen machten ärztliche Hilfe unumgänglich.[24] Zwar lehnte er anfänglich alle Hilfe ab, es gelang aber, ihn zu überreden, ärztliche Hilfe in Anspruch zu nehmen.[25] Ein befreundeter Arzt führte die notwendigen

---

21 Thomas Kothmann, Apologetik und Mission. Die missionarische Theologie Karl Heims als Beitrag für die Missionstheologie der Gegenwart, Neuendettelsau 2001, S. 48-55.

22 Ernst Modersohn, Menschen, durch die ich gesegnet wurde, Berlin 1967, S. 186; Dreibholz, Blätter der Erinnerung, S. 40 und Bussemer, Karl Engler, S. 70.

23 Dreibholz macht darüber eine Andeutung, während Bussemer offen die Distanz zu Polnick ausdrückt. Siehe Dreibholz, Blätter der Erinnerung, S. 40 und Bussemer, Karl Engler, S. 70-71.

24 Siehe dazu anonym, Mitteilungen; in: China-Bote 12, 1903, S. 44-45 und anonym, Briefkasten; in: China-Bote 12, 1904, S. 143-144.

25 Bussemer, Karl Engler, S. 70-71.

Operationen aus. Obwohl Polnick zeitlebens Invalide blieb, stellte sich bei ihm keine Verbitterung ein. Später dann rückte er von der anfänglichen Radikalität ein wenig ab.[26]

Es steht jedoch außer Frage, dass die DCAM in den Anfangsjahren eine Bewegung war, die sowohl in freikirchlichen als auch in kirchlichen Kreisen nicht nur wegen ihrer radikalen Haltung zur Krankenheilung auf viel Kritik stieß. Durch die Berufung von Eduard Zantop versuchte man personell in eine andere Richtung zu steuern. Eduard Zantop (1865–1924) war sowohl ein Mann mit hohem Ansehen in den Kreisen der Erweckten als auch ein sachlicher Bibellehrer.[27] Statt mitreißender Missionsberichte schrieb Zantop im *China-Boten* gründliche Vers-für-Vers-Bibelauslegungen zum Timotheus- und Philipperbrief, die sich über einige Jahrgänge erstreckten. Behutsam führte er die DCAM in eine andere Richtung. Diese Richtungsänderung zeigte sich in einem profunden Missionsverständnis, in Fragen der Bekehrungspraxis und der Stellung der Frau im Verkündigungsdienst sowie in seiner Stellung zum internationalen Charakter des Missionswerkes.

Im Jahr 1900, als Zantop als Evangelist und Prediger im mitteldeutschen Erweckungsgebiet arbeitete, wurde er von der DCAM zu einem Vortrag nach Barmen eingeladen. Dieser Vortrag muss auf viel Zustimmung gestoßen sein, denn man druckte ihn nicht nur im *China-Boten* ab[28], sondern er könnte durchaus auch der Anlass für seine Berufung in die Leitungsverantwortung dieser Mission gewesen sein. In diesem Vortrag vertrat Zantop ein Missionsverständnis, das weit über das dringlichkeitseschatologische Missionsverständnis der Gründer Franson und Polnick hinauswies. Genau genommen formuliert Zantop sein Verständnis von Mission im Horizont der *missio dei*, ohne freilich diesen Begriff zu nennen. Nach Zantop habe Mission ihren Ursprung im dreieinigen Gott. In einem kurzen Streifzug durch die biblische Heilsgeschichte zeigt er auf, wie Gott der Vater, der Sohn und der Heilige Geist an der Mission, „sündige Menschen zu retten",

---

26 Nach Bussemer blieb Polnick seiner Überzeugung verhaftet. Siehe Bussemer, Karl Engler, S. 71. Jedoch änderte Polnick seine Meinung (oder er wurde vom Komitee überstimmt) in der Frage der Missionspraxis. Hatte man früher auf sein Anraten hin „nur" für Kranke gebetet, so änderte sich dies noch in seiner Lebens- und Dienstzeit, und man bot nun auch medizinische und ärztliche Hilfe an. Siehe Franz, Mission ohne Grenzen, S. 109.

27 Heinrich Wiesemann, Ein unverletztes Gewissen zu haben. Die Erweckungsbewegung in den Kreisen Waldeck und Fitzlar-Homberg vom Ende des vorigen Jahrhunderts bis zur Gegenwart, Ewersbach 1974, S. 67-68.

28 Eduard Zantop, Ansprache; in: China-Bote 8, 1900, S. 80-81.

beteiligt sind: „Die heilige Dreieinigkeit, Vater, Sohn und heiliger Geist, wird nicht ruhen, und ebenso wenig werden seine Diener, die Engel, ruhen, bis die rettbaren Menschenkinder gerettet sind."[29] Motivation für die Missionstat leitet Zantop aus dem Vorbild des dreieinigen Gottes ab. Die spätere Einsicht, dass *missio dei* auf die Gemeinde abziele, welche an Gottes Mission partizipiert, indem sie seine Mission in seinem Namen und Auftrag weiterführt, ist bei Zantop noch nicht zu erkennen. Trotzdem ist es erstaunlich, wie präzise er schon damals das Anliegen der *missio dei* durchdachte.[30] Auf dem Hintergrund der eschatologisierenden Missionstheologie der DCAM ist dieser Beitrag ein Novum ohne Analogie.

Auch in Fragen der Bekehrungspraxis setzt sich Zantop von den Gründervätern der Mission ab. Gegenüber der aggressiven Bekehrungspraxis Fransons mahnt Zantop zur Besonnenheit. Er betont, dass Bekehrungen, die aufgrund emotionaler Entschlüsse gefasst werden, auf keinem tragfähigen Grund stünden. Bekehrung sei kein Akt „starker Gemütsbewegungen", sondern müsse Akt des Willens sein. Dabei brauche der Bekehrungswillige ausreichend Gelegenheit, um die Kosten der Nachfolge zu überschlagen[31]. Mit diesen Ratschlägen setzte er sich deutlich gegen Fransons Bekehrungspraxis ab, der die Menschen in seinen Veranstaltungen mit gefühlsbetonter, bisweilen manipulatorischer Methodik zu gewinnen versuchte.[32]

Auch in der Frage des Dienstes der Frau bezog Zantop gegen die Position der Anfänge Stellung. Franson hatte Frauen ermutigt, öffentlich zu predigen. Nach Bussemer leitete Zantop (zusammen mit Karl Engler und den meisten Komiteemitgliedern) in dieser Frage eine Korrektur ein.[33] Schriftlich äußert er sich zu diesem Thema in seiner Auslegung zum Timotheusbrief.[34] Nach Zantops Exegese zu 1Tim 2, 11-15 sei Frauen das öffentliche Lehren und Predigen untersagt. In seine exegetischen Überlegungen bezog er die biblische Zeitgeschichte durchaus mit ein. So seien Frauen in

---

29 Zantop, Ansprache, S. 81-82.

30 Was Zantop in diesem kurzen Vortrag vorstellte, ist verkürzt das, was später von Theologen wie Karl Hartenstein oder Georg Vicedom in die Missionsdebatte eingebracht wurde.

31 Eduard Zantop, Seelische Arbeit und geistliche Arbeit, Witten 1934, S. 17. Diese Schrift, in der er diesen Standpunkt vertrat, ist ein typisches Traktat der Heiligungsbewegung. Sie ist übrigens im Verlag des Bundes Freier evangelischer Gemeinden erschienen, was zeigt, dass man Zantop dort schätzte.

32 Jung, Vom Kampf der Väter, S. 98-107.

33 Bussemer, Karl Engler, S. 72.

34 Eduard Zantop, Der erste Brief des Apostels Paulus an Timotheus, Neumünster 1909, S. 45-48.

heidnischer Zeit Sklavinnen ihrer Männer gewesen. Durch ihre Hinwendung zum Christentum „mit seinem Geiste der Liebe und gegenseitigen Hochachtung" wurden die Frauen aus ihrer „harten Lage" befreit. Diese Befreiung brachte die Frauen in Versuchung, da sie nun ihren Männern in gewisser Weise gleichgestellt waren, zu lehren und sogar über die Männer zu herrschen. Der Apostel Paulus bekämpfe ebendiese Position.[35] Natürlich musste Zantop sich der Frage stellen, wie sich diese Erkenntnis auf die in China arbeitenden Missionarinnen auswirke. Die Antwort ist klassisch für seine Zeit. Wenn eine Frau von Gott berufen sei, dürfe sie zwar nicht vor einem gemischten Publikum, jedoch vor anderen Frauen predigen und sie unterrichten. Er nennt explizit den Dienst der Missionarsehefrauen und ledigen Missionarinnen in China.[36] Es scheint, dass zu dieser Zeit Missionarinnen schon nicht mehr predigend und lehrend vor einem gemischten Publikum auftreten durften. Zwar gibt es für diese Behauptung keine geschichtlichen Belege aus der Praxis auf dem Missionsfeld, die Äußerungen Zantops[37] und Bussemers[38] weisen jedoch in diese Richtung. Allerdings meint Bussemer, dass man die Besonderheit der Missionssituation im Blickfeld haben müsse und man könne deswegen „sicher dabei manches zugeben dürfen, was in den geordneten Verhältnissen der Heimat nicht statthaft wäre".[39] Gleich darauf schreibt er einschränkend: „Damit ist aber doch nicht die nachgeordnete Stellung des Weibes auf christlichem Boden aufgehoben." Um diese Behauptung zu begründen, insistierte auch Bussemer auf die Stelle 1Tim 2,12, nach der Frauen nicht „maßgebend bestimmen und lehren" dürfen, sondern sie sollen „sein in der Stille". Damit zeigt sich der theologische Einfluss des Bundes auf die ACM, denn im Gefolge Neviandts hatte man eine ablehnende Haltung zum Predigt- und Lehrdienst der

---

35 Zantop, Timotheus, S. 46.
36 Zantop, Timotheus, S. 46.
37 Zantop, Timotheus, S. 46.
38 Bussemer, Karl Engler, S. 72.
39 Bussemer, Karl Engler, S. 72.

Frauen eingenommen.[40] Deswegen ist es Bussemer wichtig, seinen Lesern aus Freien evangelischen Gemeinden mitzuteilen, dass „die A.Ch.M. heute" [1925] ein Predigt- und Lehrverbot für Frauen vertritt, bei dem „es bleiben soll angesichts des Feminismus unserer Tage auch in christlichen Kreisen".[41]

Auch in der Frage der Internationalität der DCAM gab es deutliche Änderungen. Die Heiligungsbewegung war eine internationale Bewegung mit regem Austausch. So hatte auch die DCAM viele Kontakte ins Ausland und war mit der internationalen China Inland Mission (CIM) verbunden. Durch das zunehmende deutsche Selbstbewusstsein in den Jahren nach der Jahrhundertwende wurde die Frage nach mehr Selbstständigkeit in der Missionsarbeit laut. Zantop erwirkte daraufhin für die DCAM mehr Autonomie. Man blieb jedoch mit der CIM zusammen.[42] Als dann der Erste Weltkrieg ausbrach, wurde die Beziehung zur CIM auf eine schwere Probe gestellt. Im Hintergrund stand ein am 4. September 1914 veröffentlichter Aufruf an die evangelischen Christen im Ausland, in dem namhafte deutsche Theologen und Missionsleiter die englische Politik kritisierten.[43] Daraufhin folgte von englischer Seite eine Antwort.[44] Die wichtigsten britischen Kirchen- und Missionsleute widersprachen diesem Aufruf und wiesen Deutschland die Schuld am Krieg zu.[45] In diese Auseinandersetzungen wurde in gewisser Weise auch die DCAM gezogen. Der UK-Direktor der

---

40 Neviandt hatte damals Fransons Schrift „Weissagende Töchter" bekämpft und eine ablehnende Haltung zum Predigt- und Lehrdienst von Frauen vor einem gemischten Publikum vertreten. Zu den zeitgeschichtlichen Argumentationen siehe Eulenhoefer-Mann, Missionary Work of Single German Women, S. 134-143. Die um die Jahrhundertwende im Bund der FeG weitergeführte Diskussion nimmt Beate Eulenhoefer-Mann nicht mehr auf. Diese war verursacht durch bedeutende Predigerinnen des 19. Jahrhunderts wie die Engländerinnen Mrs Ormiston, Miss Anna Shaw und die Schweizerin Miss Hershy, die großen Zulauf hatten. Die Diskussionen, die in der FeG-Zeitschrift *Der Gärtner* enthalten sind, bestätigen weiterhin die ablehnende Haltung zum weiblichen Predigt- und Lehrdienst. Siehe anonym, Predigende Frauen; in: Der Gärtner 8, 1900, S. 306-308, 314-315, 322-322 und Heinrich Neviandt, Ueber das öffentliche Predigen der Frauen; in: Der Gärtner 14, 1906, S. 300-303, 308-310.

41 Bussemer, Karl Engler, S. 72-73.

42 Franz, Mission ohne Grenzen, S. 110-111.

43 Aufruf deutscher Kirchenmänner und Professoren: An die evangelischen Christen im Ausland; in: Gerhard Besier, Die protestantischen Kirchen Europas im Ersten Weltkrieg, Göttingen 1984, S. 40-45.

44 Der europäische Krieg. Englische Antwort auf den Aufruf der deutschen Theologen (23.9.1914); in: Besier, Erster Weltkrieg, S. 45-52. Zum Gesamtzusammenhang siehe Besier, Erster Weltkrieg, S. 11-32.

45 Frieder Ludwig, Der Erste Weltkrieg als Einschnitt in die Kirchen- und Missionsgeschichte; in: Berliner Beiträge zur Missionsgeschichte 4, 2004, S. 12.

CIM Walter B. Sloan schrieb an die Leitung der DCAM, dass man sich als CIM auf die Seite der englischen Regierung stellen müsse. Dies wurde von den Verantwortlichen der DCAM nicht verstanden.[46] Da die Heiligungsbewegung ihre integrative Kraft verloren hatte, überwogen plötzlich nationale Gefühle. Karl Engler meinte, dass nun die Zeit gekommen sei, sich von den geistlichen Einflüssen der englischen Christenheit zu reinigen, denn durch die Nachahmung der englischen Art hätten die deutsche Heilsarmee, die Gemeinschaftsbewegung und die deutschen Missionsgesellschaften tief gehenden Schaden erlitten.[47] Verursacht durch die allgemeine antienglische Stimmung wurden im Umkreis der DCAM Stimmen laut, die den englischen Christen ihre „Gotteskindschaft" absprachen. Dazu mussten sich die Verantwortlichen der DCAM äußern.[48] Obwohl Zantop zu dieser Zeit schon aus der Leitungsverantwortung der DCAM ausgeschieden war, bekämpfte er vehement diese Anschauung. Er wurde nämlich 1910 nach St. Chrischona berufen.[49] Dort arbeitete er in der Bibelschule als Lehrer, pflegte aber trotzdem enge Beziehungen zur DCAM und war aktives Komiteemitglied des Schweizer Zweiges. Deswegen sah er seine Verantwortung, gegen den deutschnationalen Fanatismus Stellung zu beziehen. War es früher, zu den Blütezeiten der Heiligungsbewegung, kaum nötig, die

---

46 Karl Engler, Die englischen Brüder und wir; in: China-Bote 22, 1914, S. 180.

47 Karl Engler, Deutsche und englische Gotteskinder; in: China-Bote 22, 1914, S. 162.

48 Eduard Zantop und Karl Engler waren sich darin einig, dass man den englischen Christen ihren Glauben nicht absprechen dürfe. Siehe dazu Eduard Zantop, „Liebe zu allen Heiligen", auch im Weltkrieg; in: China-Bote 23, 1915, S. 73-75 und Engler, Deutsche und englische Gotteskinder, S. 162-164. Engler zeigte sich jedoch ziemlich verwirrt, dass es englische Christen gibt (und er betont, dass es sich dabei nicht um die „offiziellen Kirchenchristen" handelt, sondern um die „entschiedenen Gotteskinder"), die sich auf die Seite der englischen Regierung stellen konnten. Er versucht in einem Artikel des China-Boten diese Christen zu verstehen: Diese „bedauerliche Stellungnahme" der englischen Christen sei nur erklärbar, wenn man die Eigenart der Engländer kenne, die sich nicht die Mühe mache, andere Völker zu verstehen oder ausländische Berichte zu lesen. Ferner verstünden die Engländer den „deutschen Militarismus" und insbesondere die deutsche Flotte als aggressive Provokation und nicht als legitimes Mittel, das Deutschland zur seiner Verteidigung brauche. Des Weiteren seien die englischen Christen von ihrer Regierung einseitig informiert worden. Dieser Information zufolge liege die Schuld des Krieges aufseiten der Deutschen, die die Neutralität Belgiens missachtet hätten. Dies sei jedoch nicht korrekt, denn Belgien hätte seine Neutralität schon zuvor aufgegeben. Wegen dieser Falschinformation der englischen Regierung könne man es den gläubigen Engländern kaum verdenken, wenn sie den amtlichen Veröffentlichungen ihrer Regierung Glauben schenken. Siehe dazu Engler, Die englischen Brüder und wir, S. 180-183.

49 Franz, Mission ohne Grenzen, S. 106-107.

„Bruderschaft" der Gläubigen über nationale und konfessionelle Grenzen hinweg zu rechtfertigen, so änderte sich dies mit dem Beginn des Ersten Weltkrieges. Die gemeinsame Erfahrung der Heiligung (bzw. der Heilung), die sich als integrative Kraft und ekklesiologische Kategorie erwiesen hatte, verlor an Bedeutung. Dazu kam, dass die charismatischen Führergestalten der Heiligungsbewegung gestorben waren. Sie hatten als Integrationsfiguren die Bewegung über Landes- und Konfessionsgrenzen hinweg zusammengehalten.[50] Nun musste Zantop andere Argumente ins Feld führen. Das alte, gefühlsmäßige Zusammengehörigkeitsgefühl der Heiligungsbewegung wurde nun von Zantop durch eine gründliche biblisch-theologische Argumentation ersetzt. Zantop verweist auf die Bibelstellen 1Petr 3,9; Kol 3,11; Eph 1,15 und Ps 133, um die Einheit aller aus „Gott Geborenen" zu unterstreichen. Wer von „oben geboren" sei, gehöre zu der einen „Gemeinde Gottes". Die Nationalität der Einzelnen trete dabei zurück. Er modifiziert den Vers Gal 3,28, um diese Einheit in Christus auf dem Hintergrund zeitgeschichtlicher, politischer und sozialer Spannungen zu verdeutlichen: „Hier ist nicht Japaner, Chinese, Engländer, Franzose, Russe, Oesterreicher, Deutscher, Freiherr, Knecht, sondern alles in allem Christus. Alle wissen sich eins in Christus."[51] Zwar habe der Gläubige Pflichten seinem Vaterland gegenüber, jedoch müsse sich auch im Krieg die Liebe zu den Glaubensgeschwistern bewähren. Die Pflichten zum Vaterland seien von kurzer Zeit. Es seien irdische Bande. Viel wichtiger seien die himmlischen Bande, die Loyalität zum himmlischen Vaterland.[52] Schließlich führt er das antagonistische Argument an, wonach sich der Satan über die Zwietracht unter den „Kindern Gottes" freue.[53] Schon zuvor, in einer Weihnachtsmeditation zu Lk 2,14, macht Zantop deutlich, dass, nachdem Gott Friede mit den Menschen geschlossen habe, diese nun auch untereinander in Frieden leben können. Durch den Glauben an den Friedensstifter Jesus Christus sei es der weltweiten „Friedensgemeinde" möglich, trotz des Krieges, sich nicht zu hassen, sondern sich zu lieben und gegenseitig zu helfen.[54] Zwar bleibt Zantops Diktion von einem patriotischen Grundton beherrscht, jedoch zeigt sich bei ihm eine von der biblischen Wahrheit durchdrungene

---

50 Andreas Franz hat diesen Sachverhalt bei der DCAM nachgewiesen. Die deutschen Missionare ordneten sich willig der Person Hudson Taylor unter. Nach seinem Tod jedoch forderte man mehr Selbstständigkeit und Mitspracherecht. Siehe Franz, Mission ohne Grenzen, S. 111.
51 Zantop, „Liebe zu allen Heiligen", S. 75.
52 Zantop, „Liebe zu allen Heiligen", S. 74.
53 Zantop, „Liebe zu allen Heiligen", S. 74.
54 Eduard Zantop, Dennoch „Friede auf Erden"; in: China-Bote 22, 1914, S. 178-179.

Stimme, die diametral zum damaligen Zeitgeist stand. Sieht man diese mutige Stellungnahme im Kontext der Zeitgeschichte, dann muss man Volker Dickels negatives Fazit korrigieren, der in seiner Darstellung den Fokus lediglich auf die deutschnationalen Äußerungen der Missionsleitung legt[55], die zeitgeschichtlichen Rahmenbedingungen[56] und diese bemerkenswerten Artikel von Zantop jedoch zu wenig wahrnimmt.[57]

Nach Walter Hermes vertiefte Zantop auch die Beziehung zum Bund Freier evangelischer Gemeinden.[58] Diese Feststellung wird von August Jung übernommen. Er leitet sie aus folgenden Faktoren ab. Erstens war Zantop als Chrischona-Schüler mit den Freien evangelischen Gemeinden in der Schweiz eng verbunden, was darauf hinweist, dass er an einer Zusammenarbeit mit dem Bund der Freien evangelischen Gemeinden in Deutschland ebenso interessiert war.[59] Zweitens fand die DCAM am Ende seines Inspektorats immer mehr Anerkennung bei der Bundesleitung, sodass man 1911 offiziell mit der DCAM in Beziehung trat.[60] Dies hing drittens mit seiner theologischen Kompetenz zusammen, die der Grund dafür gewesen sein könnte, dass die Führer des Bundes, Konrad Bussemer, Otto Schopf und August Rudersdorf, die DCAM nicht länger ignorieren konnten. Bussemer[61] und Rudersdorf ließen sich sogar in die Leitungsverantwortung dieser Mission berufen, was zu einer gewissen Annäherung führte.

---

55 Dickel, Die Geschichte der Allianz-Mission, S. 79-88.
56 Zur nationalistischen Umdeutung der christlichen Botschaft im Ersten Weltkrieg siehe Wolfgang Mommsen, Die christlichen Kirchen im Ersten Weltkrieg; in: Der Erste Weltkrieg. Anfang vom Ende des bürgerlichen Zeitalters, Bonn 2004, S. 168-181 und Wilhelm Pressel, Die Kriegspredigt 1914–1918 in der evangelischen Kirche Deutschlands, Göttingen 1967.
57 Zantop, Frieden auf Erden, S. 178-179 und Zantop, „Liebe zu allen Heiligen", S. 74-75.
58 Walter Hermes, Zur Erinnerung an Missionsinspektor Karl Engler; in: Der Gärtner 31, 1923, S. 457.
59 Jung, Vom Kampf der Väter, S. 286.
60 Jung, Vom Kampf der Väter, S. 137. Im Protokoll der Ausschusssitzung vom 24. Oktober 1911 in Düsseldorf wurde die Anfrage eingebracht, „mehr in Beziehung" mit der DCAM „zu treten, was von diesen Brüdern gern gesehen würde", weil die DCAM auch von den Schweizer Freien evangelischen Gemeinden unterstützt würde.
61 Bussemer betont, dass er zunächst wenig Interesse an der DCAM hatte. Als dann Zantop und Engler die Leitungsverantwortung übernahmen, änderte er seine Meinung und trat dem Komitee der DCAM bei. Zuvor hätte er aus theologischen Gründen, wie beispielsweise dem in der DCAM praktizierten Verkündigungsdienst von Frauen und der Gebetsheilungspraxis, diesen Schritt nicht vollziehen können. Siehe Bussemer, Karl Engler, S. 137.

5.3 Die Annäherung der Allianz-China-Mission an Freie evangelische Gemeinden durch Karl Engler und Wilhelm Rosenkranz

Zuerst muss auf die Affinität ekklesiologischer Konzepte zwischen der ACM und den Bundesgemeinden hingewiesen werden, um deutlich zu machen, dass die Divergenz der Anfangszeit nicht unüberwindbar war. Diese Affinität zeigt sich in der damals in Kreisen der Erweckten weitverbreiteten Neigung zum Independentismus. Diese Neigung fand jedoch keine radikale, ekklesiologische Anwendung. Sowohl den Bundesgemeinden als auch der ACM ging es nicht um einen Bruch mit den etablierten Kirchen, sondern um das soteriologisch-individuelle Proprium von Bekehrung, Wiedergeburt und Nachfolge. Es ging letztlich um die Idee eines Allianz-Christentums. Man fühlte sich mit allen jenen verbunden, die durch die Erfahrung von Bekehrung, Wiedergeburt (und Heiligung) zu „Kindern Gottes" wurden. Dieser Begriff „Kinder Gottes" ist sowohl für den Sprachgebrauch der FeG-Theologen als auch für den der Verantwortlichen der ACM symptomatisch, um damit die wahrhaftig Gläubigen von den unbekehrten Kirchenchristen zu unterscheiden. Auch nachdem die Heiligungsbewegung ihren Einfluss verloren hatte, blieb die Betonung einer individuellen Glaubenserfahrung und einer damit einhergehenden erwecklichen Frömmigkeit unverrückt. Konfessionelle oder ekklesiologische Unterschiede wie Tauf- oder Abendmahlsverständnis traten in den Hintergrund. In der Frühzeit der Freien evangelischen Gemeinden wollte man den „Leib Christi darstellen", ohne eine neue Denomination zu gründen.[62] Ebenso wollte man in der ACM nicht mit der Volkskirche oder den anderen etablierten Gemeinden brechen, sondern war bereit, mit allen „Kindern Gottes" (nicht Organisationen) zusammenzuarbeiten. Damit stand man theologisch gesehen nicht weit voneinander entfernt. Deutlich wird dieser Sachverhalt bei Karl Engler (1874–1923), der die ACM in gewisser Weise dem Bund annäherte. Englers Biografie wurde von Konrad Bussemer, einem der führenden Theologen der Freien evangelischen Gemeinden der zweiten Generation, geschrieben. Bussemer macht deutlich, dass man in Engler, als dem Leiter der ACM, einen Gesinnungsgenossen

---

62 Michael Schröder, Freie evangelische Gemeinden als Modell der Einheit in Christus – Anspruch und Wirklichkeit; in: Wilfrid Haubeck / Wolfgang Heinrichs / Michael Schröder (Hrsg.), Einheit in Christus: Anspruch, Wirklichkeit und Perspektiven, Witten 2004, S. 38.

hatte. Wichtig ist ihm dabei, Englers Ringen mit dem Volkskirchentum ausführlich darzustellen. Er beginnt mit Englers religiöser Erziehung im Elternhaus und durch den rationalistisch geprägten Pfarrer Richard Wimmer (1836–1905), die ihm zwar moralische Werte vermittelten, jedoch in ihm keinen „lebendigen Glauben" weckten. Wichtig für Bussemer war nicht nur die Bekehrung Englers, sondern seine Gewissensnöte während seiner Arbeit als Lehrer in dem evangelischen Erziehungsheim Friedrichshöhe in Südbaden bei Lörrach.[63] Dort hatte Engler seine überdurchschnittlichen pädagogischen Fähigkeiten bewiesen. Da aber dieses Heim einem liberalen Pfarrer der evangelischen Landeskirche unterstellt war, kam es zu Auseinandersetzungen zwischen ihm als Heimleiter und dem Pfarrer, der Vorsitzender dieser Einrichtung war. Engler beschloss, seine Position als Pädagoge aufzugeben, weil er es mit seinem Gewissen nicht mehr vereinbaren konnte, als Leiter dieses Heimes mitverantworten zu müssen, dass unbekehrte Konfirmanden zum Abendmahl zugelassen wurden.[64] Darin wird die Affinität zu Heinrich Hermann Grafe (1818–1869) und den Anfängen der FeG deutlich. Dort hatte man ähnlich argumentiert. Aus Gewissensgründen stellte man sich gegen die volkskirchliche Praxis der Massenkonfirmation, bei welcher Ungläubigen dasselbe Recht wie Gläubigen zukomme.[65] Auch konnte man nicht mehr zum volkskirchlichen Abendmahl gehen, weil auch unbekehrte Gemeindeglieder daran teilnahmen.[66]

Englers Verlust seiner Anstellung führte ihn dann zur ACM nach Wuppertal und damit ins Zentrum der Freien evangelischen Gemeinden. Zuerst übernahm er dort Büroarbeiten, später, nach Zantops Wechsel in das Chrischona-Werk, übertrug man ihm die Leitung der ACM. Durch die Vermittlung von Otto Schopf (1870–1913), einem Mann, der eine ähnliche geistliche Entwicklung durchlaufen hatte und der Leiter des Evangelisationswerks des Bundes Freier evangelischer Gemeinden war, wurden ihm die Türen zum Predigt- und Vortragsdienst in den freievangelischen Gemeinden geöffnet.[67] So kam es, dass er Mitglied in der FeG Düsseldorf wurde. Es ist zu vermuten, dass die Kontakte zu dieser Gemeinde durch

---

63 Bussemer, Karl Engler, S. 50-59.

64 Bussemer, Karl Engler, S. 53.

65 Ulrich Betz, „Von der Freiheit will ich singen ..." – Zur Ekklesiologie in Freien evangelischen Gemeinden; in: ThGespr 27, 2003, S. 3.

66 Heinrich Neviandt, Erinnerungen aus dem Leben des am 25. December 1869 entschlafenen Kaufmannes Hermann Heinrich Grafe (1878); in: Wolfgang Dietrich (Hrsg.), Ein Act des Gewissens. Erinnerungen an Hermann Heinrich Grafe (Geschichte und Theologie der Freien evangelischen Gemeinden, Bd. 1), Witten 1988, S. 204-209.

67 Bussemer, Karl Engler, S. 87.

August Rudersdorf (1867–1931) zustande gekommen waren, der zusammen mit Gustav Demmer, einem Schwager von Carl Polnick, sowohl zum Ältestenkreis dieser Gemeinde gehörte als auch Komiteemitglied der ACM war.[68] Englers Lebensweg stieß auf viel Sympathie in freievangelischen Kreisen, hatte er doch aus Gewissensgründen seine gute Stellung aufgegeben. Aber nicht nur das, man wurde zunehmend auf Englers theologische Schriften aufmerksam. Obwohl Engler keine theologische Ausbildung durchlaufen hatte, war er theologisch sehr versiert und schriftstellerisch tätig. Er setzte sich vor allem mit eschatologischen Fragen auseinander, sodass er mit Recht ein bedeutender Vertreter prämillenniaristischer Eschatologie genannt werden kann.[69] Dieser eschatologischen Richtung stand man auch in Kreisen der Freien evangelischen Gemeinden durchaus nahe.[70] Engler verfasste fünf Schriften zur Eschatologie[71], die eine ungleich weitere Verbreitung und Wirkung entfalteten als seine Schriften zur Katechetik und Pädagogik.[72] Seine Fähigkeiten als Pädagoge und seine umfangreiche schriftstellerische Tätigkeit scheinen den Ausschlag für seine Berufung zum Lehrer an die theologische Ausbildungsstätte des Bundes in Wuppertal-Vohwinkel gewesen zu sein. Von 1914–1923 unterrichtete er dort, neben seinem Dienst als Missionsleiter der ACM, alle Realfächer. Somit war Engler sowohl ein Mann der Mission als auch des Bundes. Auffallend ist, dass Engler trotz seiner intensiven Beschäftigung mit Missionsfragen keine missionstheologisch relevanten Beiträge veröffentlichte und somit auch nicht dazu beitrug, das ekklesiologische Verständnis der Mission theologisch zu durchdenken. Diese Fragen blieben ungeklärt. Mit Engler wurden jedoch die Weichen in Richtung einer freikirchlichen Mission gestellt. Zudem kam es durch das Ansehen seiner Person zu einer gewissen Annäherung an den Bund der Freien evangelischen Gemeinden.

---

68 Bussemer, Karl Engler, S. 88.
69 Holthaus, Fundamentalismus in Deutschland, S. 419.
70 Holthaus, Fundamentalismus in Deutschland, S. 416-422.
71 Karl Engler, Das himmlische Jerusalem und die neue Erde, Neumünster 2. Aufl. 1926; Karl Engler, Sind wir schon in der Endzeit?, Neumünster o.J.; Karl Engler, Das tausendjährige Reich, Neumünster 3. Aufl. 1926; Karl Engler, Das Gleichnis von den zehn Jungfrauen, Witten 1920 und Karl Engler, Wann haben wir die Entrückung der Gemeinde Christi zu erwarten?, Witten 1920.
72 Karl Engler, Kinder-Seelsorge. Ein Wort an Eltern und Erzieher, Hamburg, o.J. und Karl Engler, Der Heilsweg. Biblisches Lehrbüchlein für den Kinderunterricht, Witten 1917.

Dieses Fazit gilt auch für Englers Nachfolger in der Missionsleitung Wilhelm Rosenkranz (1872–1933), der die Verantwortung für dieses Werk von 1923 bis 1930 innehatte. Rosenkranz war ein preußischer Beamter, der sich pensionieren ließ, um diese Aufgabe zu übernehmen. Der aus keiner freikirchlichen Tradition stammende Rosenkranz wurde durch Friedrich Fries (1856–1926), einer wichtigen und einflussreichen Person in der Frühzeit der Freien evangelischen Gemeinden, für Anliegen des Freikirchentums gewonnen.[73] Rosenkranz trat daraufhin der Freien evangelischen Gemeinde Schwelm bei und avancierte zu einer bekannten Person in den Kreisen der Freien evangelischen Gemeinden. Mit seiner Berufung zum Missionsleiter verbanden sich Erwartungen vonseiten der Bundesgemeinden. In der Rubrik „Briefkasten" der Zeitschrift *Der Gärtner* äußerte man sich zu Rosenkranz' Berufung positiv.[74] Der ungenannte Autor dieser Rubrik insistiert auf die ekklesiologische Stellung von Rosenkranz, dem es nicht um kirchliche Äußerlichkeiten ginge, sondern um das „Wesentliche". Auch auf die Gemeindegrundsätze kommt der Autor zu sprechen. Er äußert die Ansicht, dass diese bei der ACM und dem Gemeindebund identisch seien. Im Hintergrund steht die Auseinandersetzung mit der Neukirchener Mission (NM) über Fragen des Taufverständnisses. Die NM stand bisher den Bundesgemeinden nahe, doch mehr und mehr erlangte die ACM Sympathie in freievangelischen Kreisen, weil man in Fragen des Gemeindeverständnisses und vor allem in Tauffragen konform war. Diese Konformität zeige sich, so der Autor, in der Person von Wilhelm Rosenkranz. In seiner Dienstzeit gelang es Rosenkranz jedoch nicht, die ACM in die Freien evangelischen Gemeinden „einzubürgern". Nach Bussemer musste Rosenkranz auf den Umstand Rücksicht nehmen, dass die deutschen Freien evangelischen Gemeinden im Gegensatz zu den Schweizer Gemeinden eine historische Beziehung zu anderen Missionswerken hätten und sie auch weiterhin pflegen wollten.[75] Anders war dies bei den Freien evangelischen Gemeinden in der

73 [Konrad] B[ussemer], Zum Gedächtnis von Wilhelm Rosenkranz (1872–1933); in: Der Gärtner 41, 1933, S. 532.
74 Anonym, Briefkasten; in: Der Gärtner 21, 1923, S. 301.
75 Bussemer, Zum Gedächtnis von Wilhelm Rosenkranz, S. 551.

Schweiz, die die ACM als „ihre Mission" betrachteten.[76] Im Rahmen dieser Rücksichtnahme versuchte Rosenkranz freievangelische Gemeinden für die Sache der ACM zu gewinnen. Da Rosenkranz kein Theologe war, gibt es auch nur sehr wenige schriftliche Äußerungen, die sein Missions- und Gemeindeverständnis aufzeigen könnten. In den wenigen Beiträgen, die in der Zeitschrift *China-Bote* von ihm veröffentlicht wurden, macht er deutlich, „dass die Missionsarbeit eine Sache unseres himmlischen Herrn und seiner irdischen Gemeinde" sei. Herr der Mission sei Gott und die Menschen der Missionsgemeinde seien seine Zeugen.[77] Weitere theologische Äußerungen oder Vorschläge zur strukturellen Gestaltung von Mission und Gemeinden sind von Rosenkranz nicht überliefert. Es blieb bei Rosenkranz im Wesentlichen, wie es zu Zeiten von Engler war.

5.4 Die Anfänge der Deutschen China-Allianz-Mission in der Rezeption freievangelischer Geschichtsschreibung von 1926–1939

Um die Annäherung des Bundes an die ACM näher zu untersuchen, soll nun dargestellt werden, wie man vonseiten des Bundes aus die ACM nach ihrem Konsolidierungsprozess beurteilte. Dazu eignen sich alle historischen Publikationen und Schriften einflussreicher Theologen des Bundes zur Frühgeschichte der DCAM. Da für diese Zeit keine direkten Stellungnahmen von Verantwortlichen des Bundes überliefert sind, werden hier alle relevanten Arbeiten und Veröffentlichungen von 1926 bis zum Zweiten Weltkrieg[78] herangezogen, um die Rezeptionstendenz der führenden freievangelischen Theologen aufzuzeigen. Auf diese Weise kann ein

---

76 Nach den Gemeindestatuten, die Wilhelm Meili 1925 veröffentlichte, verwalte ein von der Bundeskonferenz gewähltes Missionskomitee die eingehenden Gelder, „die hauptsächlich der vom Bunde anerkannten Missionsarbeit der Allianz-China-Mission zufließen sollen". Siehe Wilhelm Meili, Aus früheren Tagen. Ein Beitrag zur Geschichte der Freien Evangelischen Gemeinden in der Schweiz, Glarus 1925, S. 33. Dies zeigt, dass die Zusammenarbeit zwischen dem Schweizer Bund der Freien evangelischen Gemeinden und der ACM schon von Anfang an sehr eng gestaltet wurde.

77 Wilhelm Rosenkranz, So der Herr will und wir leben, wollen wir dies oder das tun; in: China-Bote 34, 1926, S. 2-3 und Wilhelm Rosenkranz, Kraft des Geistes zum Zeugendienst; in: China-Bote 42, 1934, S. 122-123.

78 Dieser Zeitraum markiert ein neues Kapitel in der Beziehung von ACM und Bund, denn vonseiten des Bundes wurde man mehr und mehr auf die ACM aufmerksam.

Stimmungsbild eruiert werden, welches in gewisser Weise auch für die Bundesgemeinden konstatiert werden kann.

Einer der wichtigsten Historiker der Freien evangelischen Gemeinden war Richard Schmitz (1858–1945). In seiner 1926 erschienenen Biografie Heinrich Neviandts berichtet Schmitz von den Auseinandersetzungen zwischen Neviandt und Franson. Dabei wird sofort deutlich, dass er Franson und die Anfänge der DCAM mit einer gewissen Sympathie beschreibt. Sowohl Franson als auch Polnick seien „gottbereitete, lebensfrische Zeugen", die mit ganzer Hingabe Gott dienen wollten.[79] Schmitz versucht in seiner Darstellung Brücken zu bauen und erklärt die Konflikte durch die Verschiedenheit ihrer Persönlichkeiten.[80] Zwar kritisiert auch er die Evangelisationsmethoden Fransons, aber seine Beurteilung enthält weder Häme noch Übertreibendes. Stets ist er um ein ausgewogenes Urteil bemüht. Die Entgleisungen der rheinischen Heilungsbewegung werden von Schmitz gar nicht erwähnt. Das verwundert, zumal Neviandt nach den Aufzeichnungen von Walter Hermes für lange Zeit Samanns einziger Gegner war.[81] Möglicherweise hatte Schmitz keinen Zugang zu den relevanten Quellen der rheinischen Heilungsbewegung. Jedenfalls verzichtet er darauf, die enthusiastischen und drängerischen Entgleisungen der Gründerväter der DCAM und die polizeilichen Maßnahmen gegen die Evangelisationsveranstaltungen in den Mittelpunkt seiner Darstellung zu rücken. Vielmehr bringt er dem Enthusiasmus der Gründerväter viel Wohlwollen entgegen und versucht den Erweis zu erbringen, dass nach der Konsolidierungsphase selbst Neviandt in der Gründung der DCAM Gottes Wirken erblicken konnte.[82] Als Schmitz in Rente ging, stellte er seine Arbeitskraft der ACM zur Verfügung[83], was deutlich macht, dass er der ACM positiv gegenüberstand. Welche Tätigkeiten er dann für die Mission übernahm, wird nicht ersichtlich. In der Zeitschrift *China-Bote* veröffentlichte man schon davor einen Ausschnitt eines Vortrags über die Missionsaufgabe der Gemeinde. Darin macht Schmitz auf die ekklesiologische Erkenntnis aufmerksam, dass die „Missionsaufgabe" nicht die Aufgabe der Engel sei[84], sondern die

---

79 Schmitz, Heinrich Neviandt, S. 116.
80 Schmitz, Heinrich Neviandt, S. 117.
81 Hermes, Samanns Akte, S. 1.
82 Schmitz, Heinrich Neviandt, S. 123.
83 Anonym, Mitteilungen an unsere Missionsfreude; in: China-Bote 34, 1926, S. 61-63.
84 Zantop hatte in seinem wichtigen missionstheologischen Vortrag im Jahr 1900 behauptet, Engel würden die Welt missionieren. Siehe Zantop, Ansprache, S. 81. Vielleicht knüpfte Schmitz an diesen im China-Bote abgedruckten Vortrag an und bekämpfte diese Meinung.

der Gemeinde.[85] Aus diesen Äußerungen zog er jedoch keine organisatorischen Forderungen, die Bund und Mission einander nähergebracht hätten.

Von höchster Wichtigkeit ist die historische Quellensammlung von Walter Hermes, die sog. *Samanns Akte*. Walter Hermes (1877–1935) war lange Jahre Pastor der FeG in Witten, später wurde er zum Bundespfleger des Bundes Freier evangelische Gemeinden berufen. In seiner Dienstzeit wurde er sehr bekannt, vor allem durch seine zahlreichen Schriften zu den Anfängen der FeG. Zuerst muss man feststellen, dass Hermes in der *Samanns Akte* kein Material zu den Anfängen der DCAM sammeln wollte, sondern dass es ihm um die historische Aufarbeitung der sog. rheinischen Heilungsbewegung ging, zu welcher er auch die Gründer der DCAM, Polnick, Pass[86] und Franson, rechnete. Er beabsichtigte somit nicht, in erster Linie die ACM zu diskreditieren. Auch muss man den Umstand anführen, dass die *Samanns Akte* fragmentarische Aufzeichnungen enthält, die von Hermes oft gar nicht gedeutet werden. Aufs Ganze gesehen werden Polnick und Franson in Verbindung mit den Entgleisungen der rheinischen Heilungsbewegung gebracht. Nach den Recherchen von Hermes stand Polnick in vorderster Reihe dieser Bewegung.[87] Polnick habe den Evangelisten und Heiler Peter Samanns nach (Solingen-)Merscheid gerufen, wahrscheinlich um dort einen kranken Jungen zu heilen. Als Samanns eintraf, wurden Versammlungen abgehalten, um für die Heilung des Jungen zu beten. Da sich die Genesung nicht einstellte, fuhr man fort, Tag und Nacht zu beten, Dämonen auszutreiben und sich auf die unmittelbar erwartete Parusie vorzubereiten. Man schrieb Postkarten mit prophetischen Aufforderungen an Freunde und unterließ es, Nahrung zu sich zu nehmen. Diese Veranstaltungen eskalierten derart, dass die Polizei einschreiten und die Versammlungen auflösen musste. In Hermes' Darstellung wird Polnicks Name öfters im Zusammenhang mit exorzistischen Praktiken genannt, wie dem Befreiungsgebet unter Handauflegung oder der Vertreibung des Satans durch das Schwenken eines Taschentuches.[88] Darüber hinaus habe er die FeG in Solingen mit einem Fluch belegt, weil man ihnen nicht gestatte, in Räumen der Gemeinde Heilungsversammlungen durchzufüh-

---

85 Richard Schmitz, Die Missionsaufgabe der Gemeinde; in: China-Bote 32, 1924, S. 9-10.

86 Der Fabrikant Carl Pass habe, so Hermes, die Evangelisationsveranstaltungen Fransons finanziell getragen. Siehe Hermes, Samanns Akte, S. 17. Dies ist durchaus möglich, weil Pass zu den Gründern der DCAM gehörte und deren Vorsitzender war. Welche Rolle er sonst noch in der rheinischen Heilungsbewegung gespielt haben soll, wird nicht erwähnt.

87 Hermes, Samanns Akte, S. 1.

88 Hermes, Samanns Akte, S. 11.

ren.[89] Hermes sieht auch einen Zusammenhang zwischen Franson und der Samanns-Bewegung, obwohl er dann einschränkt, dass die Verbindung nur in „unbewußter Weise" existiere.[90] In anderen Publikationen äußert sich Hermes insofern zurückhaltend, als er es vermeidet, die gegenwärtige ACM in Verbindung zu den Entgleisungen der Anfangsjahre zu bringen. In seinem biografischen Nachruf auf August Rudersdorf (1867–1931), einen Mann mit hohem Ansehen in Kreisen der Freien evangelischen Gemeinden, thematisiert Hermes das Verhältnis von ACM und Bund mit keinem Wort, obwohl er wusste, dass Rudersdorf sowohl zur FeG Düsseldorf als auch zum Leitungskomitee ACM gehörte. Zwar nennt er Rudersdorfs Mitarbeit in der Mission, die turbulenten Anfänge werden jedoch nicht erwähnt. Das tat er andeutungsweise in einer früheren Schrift, nämlich in dem Nachruf auf Karl Engler. Dort beschreibt er, wie man Engler für die Bundesarbeit gewinnen wollte. Das unterließ man jedoch, weil man in Engler eine fähige Person sah, die die DCAM nötig habe.[91] Des Weiteren kommt Hermes auf die Tatsache zu sprechen, dass sich die ACM durch die Arbeit von Engler weit mehr an die Bundesgemeinden angenähert habe als noch zu den Zeiten seines Vorgängers.[92] Damit wird deutlich, wie Hermes das Verhältnis von Bundesgemeinden und ACM beurteilt. Nach deutlicher Distanz in den Anfangsjahren kam es zu einer schrittweise vollzogenen Annäherung in den Folgejahren. Die theologischen Gründe für diese Geschichtsdarstellung muss man in Hermes' Kampf gegen neue enthusiastische Strömungen suchen. Die Vorarbeiten zur *Samanns Akte* waren von dem Anliegen motiviert, Stoff für eine Biografie zu Otto Schopf, einem profilierten Gegner der „Kasseler Bewegung"[93], zusammenzutragen. Darin wollte er Schopfs vehementen Kampf gegen die „Kassler Bewegung" erklären, denn Schopf kannte die Entgleisungen der rheinischen Heilungsbewegung aus eigener Erfahrung.[94] Diese Entgleisungen betrachtete Hermes zudem als warnendes Beispiel gegen religiösen Fanatismus.[95] Da er aber ebendiese Entgleisungen mit den Gründern der DCAM zusammenbrachte, musste er sich zumindest von den Gründern und damit von den Anfängen der

---

89 Hermes, Samanns Akte, S. 11.
90 Hermes, Samanns Akte, S. 7.
91 Hermes, Zur Erinnerung an Missionsinspektor Karl Engler, S. 456-457.
92 Hermes, Zur Erinnerung an Missionsinspektor Karl Engler, S. 457.
93 Die Name „Kasseler Bewegung" ist eine örtliche Bezeichnung für die Anfänge der Pfingstbewegung auf deutschem Boden.
94 Hermes, Samanns Akte, S. 26.
95 Hermes, Samann Akte, S. 18-19.

DCAM distanzieren. Das tat er, indem er es unterließ, Polnick, Paas und Franson in Verbindung mit der gegenwärtigen ACM zu bringen.

Ein anderer sehr einflussreicher Theologe im Bund Freier evangelischer Gemeinden war Werner Schnepper (1902–1945). Neben seinem Dienst als Pastor der FeG Barmen war Schnepper bemüht, internationale Kontakte zu knüpfen, um eine Annäherung zwischen den einzelnen nationalen frei-evangelischen Gemeindebünden zu erreichen.[96] Zudem war er Komiteemit-glied in der ACM. Durch seine Kenntnis skandinavischer Sprachen bekam er Zugang zu schwedischer Literatur über Franson. Als Komiteemitglied der ACM und Kenner schwedischer Quellen war er daher sehr geeignet, in der Festschrift zum 50-jährigen Bestehen der ACM einen Beitrag über Franson zu schreiben, was er auch tat. Da dieser Beitrag in den Bereich werksinterner Darstellung gehört, wird man davon ausgehen können, dass Schnepper die eigene Geschichte beschönigend beschreibt. Jedoch wird auch in diesem Beitrag deutlich, dass die Anfänge der DCAM auf verständ-lichen Widerstand stießen.[97] Er nennt ausdrücklich Neviandts Abneigung gegen Franson und die Anfänge. Des Weiteren unterlässt er es aber, die Geschichte der DCAM unter negativen Konnotationen darzustellen, weil es sich bei seinen Beiträgen um Jubiläumsschriften handelte.

Ähnlich wie Schnepper argumentiert auch Bussemer. Konrad Busse-mer (1874–1944) war langjähriger Prediger verschiedener Gemeinden des Bundes und Schriftleiter des Wochenblattes der Freien evangelischen Ge-meinden *Der Gärtner*. Im Jahr 1929 wurde er zum hauptamtlichen Lehrer an die Predigerschule des Bundes berufen. Er war einer der führenden freievangelischen Theologen der zweiten Generation. Sein Buch *Die Ge-meinde Jesu Christi*[98] wurde zu einem Klassiker freikirchlicher Ekklesiologie.[99] Abgesehen von diesem Buch hat Bussemer vor allem kirchengeschichtliche Arbeiten vorgelegt. Dazu gehören auch wichtige Schriften zur Geschichte

---

96 Walter Persson, In Freiheit und Einheit. Die Geschichte des internationalen Bundes Freier evangelischer Gemeinden, Witten 1999, S. 132-133.

97 Werner Schnepper, Fredrik Franson; in: Zimmermann, Fünfzig Jahre Allianz-China-Mission, S. 31-38 und Werner Schnepper, Allianz-China-Mission. Fredrik Franson, der Anreger unserer Mission; in: China-Bote 47, 1939, S. 18-23.

98 Konrad Bussemer, Die Gemeinde Jesu Christi. Ihr Wesen, ihre Grundsätze und Ord-nungen, Witten, 6. Auflage 1968.

99 Interessanterweise kommt in seiner Ekklesiologie Mission nicht vor, obwohl er in einem Aufsatz im China-Boten betont, dass „Missionsarbeiter anzuerkennen, auszu-rüsten und auszusenden" die „Pflicht und Aufgabe aller Gläubigen", d.h. „der gan-zen Gemeinde" sei. Dazu siehe C[onrad] B[ussemer], Fertige ab mit allem Fleiß!; in: China-Bote 45, 1939, S. 118-119.

der DCAM.[100] Das Interesse an der Geschichte der DCAM war durch seine eigene Mitarbeit als Komiteemitglied in dieser Mission bedingt. Deswegen enthält seine Darstellung zur Frühgeschichte der DCAM eine unverkennbare persönliche Komponente. So beschreibt er seine anfängliche Abneigung der DCAM gegenüber, die durch den Enthusiasmus der Anfangszeit verursacht war. Besonders weist er auf Polnicks radikale Heilungstheologie[101] und das für ihn untragbare Dienstverständnis der Frauen[102] in den Anfangszeiten der DCAM hin. Es scheint, dass es mit Polnick über diese Fragen zu persönlichen Auseinandersetzungen kam, und er bekennt, dass es für ihn damals unmöglich gewesen wäre, zum Leitungskreis dieser Mission zu gehören.[103] Durch das Zurückdrängen der schwärmerischen Position von Polnick durch Zantop und Engler fand er jedoch Zugang zu dieser Mission.[104] Bussemer zeigt wenig Interesse, die Anfänge der DCAM zu beschönigen, weswegen seine Darstellung auch für die Geschichtsforschung von immenser Bedeutung ist. So enthält seine Schrift über Karl Engler beispielsweise wichtige Informationen zu Polnicks Heilungsverständnis, die sonst nirgends beschrieben sind.[105] Zusammenfassend kann man sagen, dass Bussemers Geschichtsdarstellung bemüht ist, die theologische Konsolidierung der DCAM durch Zantop und Engler aufzuzeigen, um Christen, die der DCAM bisher ferngestanden sind, zu gewinnen.[106]

Diese rezeptionsgeschichtliche Auswertung zeigt deutlich, dass man in Kreisen des Bundes großes Interesse an der ACM hatte, sonst hätte man sich nicht bemüht, ihre Geschichte zu schreiben. Dabei benutzten alle dasselbe Deutungsmuster. Dem enthusiastischen Beginn der DCAM und den fragwürdigen Lehren ihrer Gründer steht man durchweg kritisch gegenüber. Nach dem Konsolidierungsprozess seien diese aber überwunden. Nun stehe der Zusammenarbeit nichts mehr im Wege.

---

100 Bussemer, Karl Engler; Bussemer, Zum Gedächtnis von Wilhelm Rosenkranz, S. 530-532, 549-552 und Konrad Bussemer, Der geschichtliche Hintergrund bei der Gründung der Allianz-China-Mission; in: Zimmermann, Fünfzig Jahre Allianz-China-Mission, S. 5-24.
101 Bussemer, Karl Engler, S. 70-71.
102 Bussemer, Karl Engler, S. 72.
103 Bussemer, Karl Engler, S. 71.
104 Bussemer, Karl Engler, S. 73 und Bussemer, Zum Gedächtnis von Wilhelm Rosenkranz, S. 551.
105 Bussemer, Karl Engler, S. 70-71.
106 Vgl. Bussemer, Karl Engler, S. 73.

5.5 Der Fall Paul Sprenger

Die Annäherung zwischen ACM und dem Bund Freier evangelischer Gemeinden war nicht immer ein direkter Weg, auf dem sich Mission und Bund sukzessive nahekamen, sondern ein Weg, auf dem es manche Kontroversen und Spannungen gab. Vor allem drei Männer – jeder in seiner Zeit umstritten – haben heftige Kontroversen hervorgerufen. Diese Männer waren Fredrik Franson, Paul Sprenger und Kurt Möller. Was diese Männer verbindet, waren ihre ungeheure Beliebtheit im Umfeld von Mission und Gemeindebund und die Tatsache, dass sie dieses Umfeld für ihre Überzeugung polarisiert haben. Fredrik Franson und die Auswirkungen seines Auftretens auf das Verhältnis zwischen DCAM und Bund Freier evangelischer Gemeinden wurden schon erörtert. Nun sei im Folgenden auf den Fall Paul Sprenger hingewiesen, weil dieser Fall eindrücklich zeigt, wie es um die Annäherung zwischen Mission und Bund in den Dreißigerjahren des vorigen Jahrhunderts stand. Der Fall Paul Sprenger ist ein dunkles und tragisches Kapitel in der Geschichte der ACM. In der bisherigen Geschichtsschreibung der Allianz-Mission taucht weder sein Name auf, noch wird seine Rolle als Interimsleiter dieser Mission erwähnt, was wohl mit Sprengers Rolle im Nationalsozialismus zu tun hatte. Sprenger wurde am 26.8.1898 in Köln-Mülheim als viertes Kind des bekannten Predigers der Freien evangelischen Gemeinde Köln-Mülheim Friedrich Sprenger und seiner Frau Wilhelmine geb. Neese aus Lippe geboren.[107] Er besuchte die Grundschule und später das Gymnasium, das er 1917 mit dem Abitur abschloss. Noch 1917 wurde er als Soldat eingezogen und im Krieg verwundet. Wichtig und bestimmend für sein Leben wurden die Anregungen, die ihm durch den Schülerbibelkreis und den dortigen Freundeskreis vermittelt wurden. Dort lernte er auch Otto Weber (1902–1966) kennen, der für seine Karriere noch wichtig werden würde. Sprenger studierte in Bonn und Erlangen ev. Theologie und promovierte 1924 mit seiner Arbeit „Der Begriff der Vivificatio nach Paulus in Bezug auf die Bedeutung und Wert für die evangelische Rechtfertigungslehre"[108] zum Lic. theol., was heute einem „Doktor der Theologie" nahekommt. Nach seiner Promotion wurde er zum Prediger der Freien evangelischen Gemeinde Schwelm berufen, später als Prediger der FeG Barmen-Unterdörnen. In Schwelm heiratete er Else Rosenkranz, die

---

107 Die Informationen zu Sprengers Biografie sind der Darstellung von Freudenberg, Sprenger, Sp. 1315-1319 entnommen.

108 Paul Sprenger, Der Begriff der Vivificatio nach Paulus in Bezug auf Bedeutung und Wert für die evangelische Rechtfertigungslehre, Leipzig 1925.

Tochter von Hulda und Wilhelm Rosenkranz. Vermutlich wurde er durch diese Heirat und durch seinen Schwiegervater mit der ACM vertraut und für die Mitarbeit in diesem Werk gewonnen. Da Rosenkranz wahrscheinlich krankheitsbedingt die Mission nicht mehr mit vollen Kräften leiten konnte, wurde Sprenger 1926 offiziell in die Leitungsmitarbeit berufen.[109] Jedenfalls wird seit 1926 sein Name als verantwortlicher Herausgeber der Zeitschrift *China-Bote* angegeben, und er wird sowohl darin als auch in anderen Publikationen „Inspektor" genannt[110], was die Vermutung nahelegt, dass er mit seinem Schwiegervater zusammen die Mission leitete.[111] Zusätzlich war Sprenger auch als Lehrer in der Predigerschule Wuppertal-Vohwinkel, der theologischen Ausbildungsstätte des Bundes der Freien evangelischen Gemeinden, tätig.[112] In seiner Person war nun eine wichtige personelle Verbindung zwischen ACM und dem Bund entstanden, die die Annäherung von Mission und Bund hätte forcieren können. Gemäß seiner Begabung und seiner theologischen Kompetenz hätte Sprenger das ekklesiologische Verständnis der ACM klären können. Jedoch zeigte Sprenger in der Folgezeit an dieser Frage kein Interesse. Auf der Tagesordnung jener Zeit standen andere, nämlich dringliche kirchenpolitische Angelegenheiten. Diesen wandte sich Sprenger mit ganzer Kraft zu. Es ging dabei um die Integration der Freikirchen und somit auch des Bundes der Freien evangelischen Gemeinden in eine gesamtdeutsche, protestantische Bewegung unter der Führung der nationalsozialistisch geprägten Deutschen Christen und deren Bischof Ludwig Müller.[113] Zusammen mit Richard Hoenen, einem anderen promovierten Lehrer der Predigerschule, versuchte Sprenger die Verantwortlichen des Bundes auf den deutschchristlichen Kurs

---

109 Anonym, Mitteilungen an unsere Missionsfreude, China-Bote 34, 1926, S. 62.

110 Siehe dazu die China-Boten von 1926–1928 und eine Kleinschrift, in der er sich selbst Missionsinspektor nennt. Siehe Paul Sprenger, Selig sind die Armen im Geiste, Basel 1925, S. 1.

111 Hartmut Weyel war lange Zeit der einzige Forscher, der auf Sprengers Leitungsverantwortung in der ACM hingewiesen hatte. Dazu siehe Hartmut Weyel, Als Gemeinde unterwegs. 125 Jahre Freie evangelische Gemeinde Wuppertal-Barmen 1854-1079, Wuppertal 1979, S. 103.

112 Gerhard Hörster, Von der Bibelschule zum Theologischen Seminar. Zur Geschichte der theologischen Ausbildungsstätte des Bundes Freier evangelischer Gemeinden; in: Gerhard Hörster/Wilfrid Haubeck (Hrsg.), Berufen zum Diener des Wortes Gottes. 75 Jahre Theologisches Seminar Ewersbach, Witten 1987, S. 12-13.

113 Hartmut Weyel, 50 Jahre unbewältigte Vergangenheit? Die Freien evangelischen Gemeinden nach der Machtergreifung des Nationalsozialismus; in: Der Gärtner 90, 1983, S. 71-119.

zu bringen.[114] Dieser Versuch scheiterte nicht nur an der prophetischen Unterscheidungsgabe der Delegierten der Bundesgemeinden, sondern auch an der anmaßenden Art dieser jungen Prediger.[115] Die Auseinandersetzungen endeten im Eklat[116], sodass sowohl Hoenen als auch Sprenger ihren Einfluss verloren und später dann ihren Lehrauftrag aufgeben und von da an andere Wege gehen mussten.[117] Diese Zäsur wirkte sich jedoch nicht auf seine verantwortliche Mitarbeit in der ACM aus, obwohl im Leitungskomitee einige einflussreiche FeG-Leute saßen.[118] An diesem Sachverhalt wird deutlich, dass die Verantwortlichen des Bundes auf die Entscheidungen der ACM wenig Einfluss hatten und auch nicht versuchten, ihren Einfluss geltend zu machen, um den völlig in nationalsozialistischer Ideologie verstrickten Sprenger an seiner Mitarbeit in der ihnen nahestehenden ACM zu hindern. An dieser Stelle wird deutlich, wie weit die ACM und der Bund noch voneinander getrennt waren. Dieser Sachverhalt macht auch auf eine enorme ekklesiologische Schwäche der ACM aufmerksam, nämlich auf das Fehlen von gemeindlicher Korrektur. Da sich die ACM außerhalb von ekklesiologischen Strukturen befand, konnte auch keine solche Struktur ihren prophetisch-diakritischen Auftrag nachkommen und die ACM vor ihrem nationalsozialistischen Irrweg bewahren. Nun war es aber nicht so, dass die ACM völlig im Strudel deutschchristlicher und nationalsozialistischer Ideologie versank. Dass das nicht geschah, lag daran, dass Sprenger seit 1928 nicht mehr Inspektor der Mission, sondern nur noch Komiteemitglied war. Die Arbeit für die Mission bildete von da an und auch später, als er die Professur für Reformierte Theologie in Erlangen annahm[119], bis zu seinem Tod im Jahr 1945 keinen Schwerpunkt mehr, obwohl es sehr wahrscheinlich ist, dass er versuchte, seinen Einfluss geltend zu machen. Das wird deutlich durch die Berufung seiner Freunde Kurt Zimmermann als Missionsleiter und Otto Weber als Komiteemitglied. Dass Sprengers Freunde Zimmermann und Weber auch politische Gesinnungsgenossen waren, die sich zu

---

114 Thomas Schech, Gemeinde Jesu unter dem Einfluß des Nationalsozialismus. Eine Dokumentation der Auseinandersetzung im Bund Freier Evangelischer Gemeinden nach der Machtergreifung Hitlers (1922–1934). Examensarbeit am Theologischen Seminar Ewersbach 2000, S. 14-19.

115 Schech, Gemeinde Jesu unter dem Einfluß des Nationalsozialismus, S. 22.

116 Schech, Gemeinde Jesu unter dem Einfluß des Nationalsozialismus, S. 22.

117 Hörster, Von der Bibelschule zum Theologischen Seminar, S. 13.

118 Z.B. Konrad Bussemer, Karl Dietrich später Werner Schnepper, Adolf Kaiser und Dr. Johannes Oesterlee.

119 Die Professur soll er aufgrund der „Geheimdiplomatie" seines Freundes Otto Weber bekommen haben. Siehe dazu von Bülow, Otto Weber, S. 173.

den Deutschen Christen hielten und für sie kirchenpolitisch aktiv wurden, ist durch die Dissertation über Otto Weber mittlerweile von Vicco von Bülow bewiesen.[120] So versuchte Weber in der Evangelisch-reformierten Kirche das[121], was auch Sprenger im Bund Freier evangelischer Gemeinden versuchte, nämlich die Gemeinden auf einen deutschchristlichen Kurs zu bringen.[122] Es scheint aber, dass den drei Freunden im Komitee der ACM andere gegenüberstanden, die den deutschchristlichen Kurs kritisch beurteilten.[123] Unter den neun Mitgliedern des Missionskomitees waren 1933 neben Weber, Sprenger und Zimmermann noch drei andere Theologen, nämlich Heinrich Petri (1879–1940), Lehrer und Leiter der „Württembergischen Bibelschule" in Stuttgart-Cannstatt, der freievangelische Prediger Konrad Bussemer (1874–1944), Lehrer der Predigerschule Vohwinkel[124], und der reformierte Pfarrer Hermann Krafft (1861–1934), der auch Vorsitzender der ACM war. Von den zwei Letztgenannten kann mit hoher Wahrscheinlichkeit davon ausgegangen werden, dass sie der deutschchristlichen Position ablehnend gegenüberstanden.[125]

Der Fall Paul Sprenger macht die ekklesiologische Unabhängigkeit der ACM deutlich. Man verstand die Mission als ein vom Gemeindebund getrenntes Werk. Man suchte selbst in Krisenzeiten keinen Anschluss an eine Denomination. Verwunderlich ist, dass gerade Sprenger das, was er für den Bund Freier evangelischer Gemeinden forderte, nämlich sich einem

---

120 Von Bülow, Otto Weber, S. 97.

121 Von Bülow, Otto Weber, S. 98-146 und Georg Plasger, Die ev.-ref. Landeskirche Hannovers und Otto Weber von 1933 bis 1945; in: Plasger, Otto Weber. Impulse und Anfragen, S. 33-54.

122 Annegret Wolf-Mittmann, Die Stellung der Freien evangelischen Gemeinden während des Nationalsozialismus. Schriftliche Hausarbeit für die Sekundarstufe II, Universität Duisburg 1983, S. 21-26.

123 Zur Allianz-China-Mission in der NS-Zeit siehe Spohn, Die Allianz-China-Mission in der NS-Zeit.

124 Zu Konrad Bussemer siehe Wilhelm Wöhrle, Konrad Bussemer, ein Lehrer des Wortes Gottes, Witten 1948. Neuere und dazu wissenschaftliche Arbeiten über Bussemers Leben und Werk gibt es noch nicht, obwohl er theologisch der profilierteste Theologe der zweiten Generation freievangelischer Prediger war.

125 Spohn, Was der reformierte Systematiker Otto Weber der Mission hinterließ, S. 96. Konrad Bussemer äußert sich wohlwollend zum Kampf der Bekennenden Kirche in der reformierten Gemeinde in Wuppertal-Barmen und schreibt den Erfolg dem verstorbenen Pastor Hermann Krafft zu, was die Vermutung nahelegt, dass sowohl er als auch Krafft die Bewegung der Deutschen Christen ablehnten. Vgl. [Konrad] B[ussemer], Zwei brüderliche Pastoren; in: Der Gärtner 42, 1934, S. 153. Auch war es Bussemer, der Sprengers antisemitischen Äußerungen widersprach. Siehe Schech, Gemeinde Jesu unter dem Einfluß des Nationalsozialismus, S. 25.

festen organisatorischen Zusammenschluss der Freikirchen anzuschließen, um dann in das Gesamtgefüge einer deutschen evangelischen Bewegung eingefügt zu werden, nicht für die Mission forderte. Wäre das geschehen und hätte er Erfolg gehabt, dann wäre die ACM über Nacht eine Kirchenmission geworden. Die Strategie der Deutschen Christen war es, auf diese Weise sowohl alle evangelischen Kirchen, Freikirchen und Gemeinschaften[126] als auch alle Missionswerke in ihren Machtbereich zu bekommen.[127] Welche theologischen oder anderen Gründe Sprenger bewogen, dies für die Mission nicht einzufordern (oder vielleicht forderte er es gar, ohne dass wir darüber Kenntnis hätten), ist aufgrund der unzureichenden Quellenlage nicht zu beantworten.

---

126 Erich Beyreuther, Die Geschichte des Kirchenkampfes in Dokumenten 1933/45, Wuppertal 1966, S. 13-33.
127 Schwarz, Mission, Gemeinde und Ökumene, S. 224-243.

6. Die dritte Phase des Eingliederungsprozesses der Allianz-Mission in den Bund der Freien evangelischen Gemeinden: Eingliederung

6.1 Die Ekklesiologie in der Anfangszeit der Freien evangelischen Gemeinden und die daraus resultierenden Folgen für das Missionsengagement

Die Ekklesiologie der frühen Freien evangelischen Gemeinden wurde schon umfassend von Hartmut Lenhard erforscht.[1] Interessanterweise fehlt in Lenhards Dissertation das Thema Weltmission völlig. Das ist kaum verwunderlich, denn die Gründerväter wollten keine neue Denomination mit einem dazugehörenden außenmissionarischen Arm gründen, sondern sie betonten stets die Einheit mit allen „Kindern Gottes". Deswegen trat der Gedanke, eine eigene außenmissionarische Initiative zu beginnen, nicht ins Blickfeld der Gründerväter, war man doch mit einigen etablierten Missionen freundschaftlich verbunden.[2] Nach Kurt Zimmermann unterstützte man in den Anfangsjahren die Mission der Herrnhuter Brüdergemeine, später dann die Pilgermission St. Chrischona, die Rheinische Mission und die Neukirchener Mission.[3] Überblickt man die Missionsgeschichte des 19. Jahrhunderts, dann wird sofort deutlich, dass die Zeit für ein eigenes Missionswerk noch nicht reif war. Die älteste Glaubensmission in Deutschland, die Neukirchener Mission, wurde 1881 und die älteste freikirchliche Mission[4], die Missionsgesellschaft der deutschen Baptisten, erst im Jahr 1890, also 27 bzw. 35 Jahre nach der Entstehung der ersten Freien evangelischen Gemeinde, gegründet. Aber nicht nur das, auch ekklesiologische Gründe müssen hier aufgeführt werden, um zu zeigen, warum man im Umfeld

---

1 Hartmut Lenhard, Studien zur Entwicklung der Ekklesiologie in den Freien evangelischen Gemeinden in Deutschland, Witten 1977.
2 Richard Hoenen, Die Freien evangelischen Gemeinden in Deutschland. Ihre Entstehung und Entwicklung, Tübingen 1930, S. 92.
3 Zimmermann, Der Weg Freier evangelischer Gemeinden zur Außenmission, S. 350.
4 Sieht man von der Mission der Herrnhuter Brüdergemeine ab, die man eigentlich als erste freikirchliche Mission bezeichnen müsste.

der frühen Freien evangelischen Gemeinden keinerlei Interesse an einer eigenen Mission hatte.

Die frühe Ekklesiologie der Freien evangelischen Gemeinden ist mit dem Namen Hermann Heinrich Grafe (1818–1869), einem Wuppertaler Kaufmann, aufs Engste verbunden.[5] Grafe war Gründer und Vordenker der ersten Freien evangelischen Gemeinde auf deutschem Boden. Auf einer seiner Geschäftsreisen lernte er in Lyon die von dem Erweckungsprediger Adolphe Monod (1802–1856) gegründete „Église libre évangélique de Lyon" kennen. Das Gemeindemodell der Église libre beeindruckte den jungen Grafe sehr. Vor allem die dort praktizierte Unterscheidung zwischen den wirklich Glaubenden und jenen, die sich nur noch äußerlich, ohne rechte Überzeugung zum Christentum hielten, wurde ihm wichtig und beeinflusste nachhaltig sein theologisches Denken. In Elberfeld schloss er sich dann der reformierten Gemeinde an und wurde bald daraufhin Diakon in dieser Gemeinde. Doch Grafe konnte mit den in Lyon gewonnenen Überzeugen in dieser Gemeinde auf Dauer nicht bleiben. Der erste Bruch erfolgte, als das Presbyterium dieser Gemeinde den staatlichen Einzug von Kirchensteuern beschloss. Dieser Entscheidung konnte sich Grafe nicht anschließen. Der Gemeindeleitung gegenüber insistierte er auf das neutestamentliche Prinzip der Freiwilligkeit. Zur endgültigen Trennung kam es aber erst später. Der Gedanke, nur in der Gemeinschaft von Glaubenden das Herrnmahl feiern zu können, wurde immer bestimmender für sein Denken. Nach Grafe habe die Gemeinde die Aufgabe, sich von einer von Gott abgefallenen Umwelt abzusondern, um sich als die Gemeinschaft der Heiligen darzustellen.[6] Diese Darstellung geschehe besonders im Herrnmahl. Die institutionelle Kirche, die nicht zwischen überzeugten Christen und Mitläufern unterscheide, verleugne ihr Wesen. Deswegen bat er das Presbyterium um ein privates Abendmahl, an dem nur wiedergeborene Christen teilnehmen sollten.[7] Dieser Vorschlag Grafes wurde abgelehnt. Daraufhin gründete er mit fünf Gleichgesinnten am 22. November 1854 in Wuppertal die erste Freie evangelische Gemeinde. Der Weg zur Gemeindegründung fiel Grafe außerordentlich schwer, denn er wollte eigentlich

---

5 Diese Grafe-Darstellung folgt weitgehend den Ausführungen von Wolfgang Heinrichs, Hermann Heinrich Grafe und seine Zeit; in: Wilfrid Haubeck / Wolfgang Heinrichs / Michael Schröder (Hrsg.), Lebenszeichen. Die Tagebücher Hermann Heinrich Grafes in Auszügen, Wuppertal 2004, S. 13-26.

6 Hermann Heinrich Grafe, Die Tagebücher (1852–1865); in: Haubeck/Heinrichs/Schröder, Lebenszeichen, S. 119-120.

7 Hermann Heinrich Grafe, Die Tagebücher (1852–1865); in: Haubeck/Heinrichs/Schröder, Lebenszeichen, S. 104-105.

die Einheit mit den Glaubenden der reformierten Gemeinde nicht gefährden. Zeitlebens fühlte sich Grafe mit den Glaubenden aller Denominationen und Konfessionen verbunden. Deswegen konnte er sich auch nicht der in Wuppertal zeitgleich entstehenden darbystischen Brüdergemeinde anschließen, weil er die exklusive Sonderlehre, die eine absolute Absonderung von allen, auch von den Glaubenden der institutionellen Kirchen, forderte, nicht teilen wollte.[8] Auch konnte er sich nicht der in Wuppertal entstehenden Baptistengemeinde anschließen, weil die Tauffrage nicht über Gemeindezugehörigkeit entscheiden dürfe.[9] Grafe hielt an seiner Kindertaufe fest und wollte sich nicht erneut taufen lassen. Aufgrund dieser Überzeugungen suchte er eine Alternative zwischen Brüderbewegung und Baptismus auf der einen Seite und der Volkskirche auf der anderen Seite. Einerseits wollte er nicht mit den Glaubenden und darüber hinaus mit wesentlichen theologischen Überzeugungen seiner reformierten Gemeinde brechen[10], andererseits aber trotzdem seiner Gewissensüberzeugung gemäß das Herrnmahl in der Exklusivität der wahrhaft Glaubenden feiern. Aufgrund dieser ekklesiologischen Weite, die die Einheit aller „Kinder Gottes" betont, konnte er bedenkenlos die Mission der Herrnhuter Brüdergemeine unterstützen, arbeiteten dort doch Menschen, mit denen er

---

8 Hermann Heinrich Grafe, Die Tagebücher (1852–1865); in: Haubeck/Heinrichs/Schröder, Lebenszeichen, S. 100-102.

9 Hermann Heinrich Grafe, Die Tagebücher (1852–1865); in: Haubeck/Heinrichs/Schröder, Lebenszeichen, S. 122-123.

10 Z.B. mit dem reformierten Amtsverständnis, dem symbolischen Herrnmahlverständnis, der Betonung des Wortes Gottes im Gottesdienst und der Ablehnung von Bildern und Kruzifixen. Nach August Jung waren die „Väter" bewusst Reformierte geblieben, denen es allein um das Wort, um Christus und um Gnade ging. Siehe August Jung, Was der Unterdörnen mir gab; in: 150 Jahre FeG Wuppertal-Barmen. Erste Freie evangelische Gemeinde Deutschlands, Wuppertal 2004, S. 53. Auch der Systematiker Otto Weber weist in diese Richtung. An eine Theologiestudentin schreibt er, dass „die Freien evangelischen Gemeinden historisch aus der Église Libre Évangélique de France hervorgewachsen sind, die selbst ein Glied des reformierten Protestantismus war und ist", weswegen die Unterschiede zwischen reformierter und freievangelischer Theologie „nicht sehr groß" seien. Siehe Vicco von Bülow, „Eine hörenswerte und auf Gehör rechnende Stimme". Der Einfluss pietistisch-erwecklicher Theologie auf Otto Weber; in: Plasger, Otto Weber. Impulse und Anfragen, S. 13. In den Jahren des Kirchenkampfes, als die Nationalsozialisten die Kirchen gleichschalten wollten, erwogen zwei freievangelische Prediger, Richard Hoenen und Paul Sprenger, die Freien evangelischen Gemeinden der reformierten Kirche anzuschließen. Dies scheiterte jedoch an der dezidiert freikirchlichen Haltung der Delegierten der Bundesgemeinden. Siehe dazu Weyel, 50 Jahre unbewältigte Vergangenheit, S. 120.

die soteriologischen Überzeugungen der Erweckungsbewegung von Bekehrung, Wiedergeburt und Heiligung teilte.

Die Verbreitung des Evangeliums von Jesus Christus war den Gründern der Freien evangelischen Gemeinde von Anfang an ein Hauptanliegen.[11] Bei Grafe tritt dieses Anliegen besonders deutlich hervor. Es war ihm nichts wichtiger im Leben, als Menschen die Heilsbotschaft weiterzugeben, ohne die sie sonst verloren seien.[12] Doch merkwürdigerweise fehlt in seinen Schriften und Liedern[13] eine weltmissionarische Sicht gänzlich, und es wurde zeit seines Lebens niemand aus seiner Gemeinde in den weltmissionarischen Dienst ausgesandt.[14] Das verwundert, zumal ihm die Verkündigung in der Heimat stets wichtig war. Ausschlaggebend für sein volksmissionarisches Engagement waren die turbulenten Ereignisse der Revolutionsjahre von 1848/49. In den gesellschaftlichen Umbrüchen jener Zeit sah Grafe einen Verfall kirchlicher und bürgerlicher Verhältnisse. Diesem Verfall könne nur durch die Verbreitung des Evangeliums entgegengewirkt werden. Deswegen gründete er mit Gleichgesinnten am 3. Juli 1850 den interdenominationellen „Evangelischen Brüderverein", der die Aufgabe hatte, der entchristlichten Bevölkerung das Evangelium neu zu bezeugen. Nach der Gründung der Elberfelder Gemeinde berief er zwei seiner Gemeindeglieder zum vollzeitlichen Dienst als Stadtmissionare[15] und gründete später eine Stadtmission.[16] Bei diesen missionarischen Aktionen ging es nie um Gemeindewachstum, sondern stets darum, „Seelen für den Herrn Jesum zu gewinnen". Nach Michael Schröder wollte man in den Jahren 1854–1874 keine neuen Gemeinden gründen, wohl aber jedem Glaubenden die Möglichkeit geben, sich der ersten Elberfelder Gemeinde anzuschließen.[17] Es sollte nichts darauf hindeuten, dass mit der Gründung der Elberfelder Gemeinde eine weitere Freikirche entstehe. Auch die Gründung von Arbeiten unter eigenem Namen sah man als schädlich für die Einheit des Leibes Christi an, weswegen man eher die bestehenden Arbeiten unterstützte oder solche

---

11 Zimmermann, Der Weg Freier evangelischer Gemeinden zur Außenmission, S. 51 und Hoenen, Die Freien evangelischen Gemeinden, S. 349.

12 Wolfgang Heinrichs, Die Anfänge der Inland-Mission; in: Die Inland-Mission. Geschichte, Gegenwart und Ziele, o.O., o.J., S. 9.

13 Grafe war Dichter vieler geistlicher Lieder. Siehe dazu Walter Hermes, Hermann Heinrich Grafe und seine Zeit. Ein Lebens- und Zeitbild aus den Anfängen der westdeutschen Gemeinschaftsbewegung, Witten 1933, S. 314-315.

14 Zimmermann, Der Weg Freier evangelischer Gemeinden zur Außenmission, S. 330, 350.

15 Zimmermann, Der Weg Freier evangelischer Gemeinden zur Außenmission, S. 329.

16 Hoenen, Die Freien evangelischen Gemeinden, S. 52.

17 Schröder, Freie evangelische Gemeinden als Modell der Einheit in Christus, S. 38.

Arbeiten gründete, die interdenominationell ausgerichtet waren, wie das Beispiel der Stadtmission zeigte, welche von Glaubenden verschiedener Kirchen getragen wurde.[18]

Auch später zeigten sich FeG-Theologen in Bezug auf die Missionsaufgabe der Gemeinde eher reserviert. Als Beispiel muss hier Walter Hermes, ein Theologe der zweiten Generation, angeführt werden, da man in freievangelischen Missionskreisen einen Abschnitt aus seiner Biografie über Hermann Heinrich Grafe[19] rezipierte.[20] Diesem Abschnitt von Hermes zufolge sei die Gemeinde eine „Arbeitsgemeinschaft", die Gott zum Dienst innerhalb und außerhalb der Gemeinde gebrauche. In dieser „Arbeitsgemeinschaft" seien alle Aufgaben gleichbedeutend. Zu diesen Aufgaben zählt Hermes: Regierung, Verwaltung, Leitung, Erziehung, Unterricht, Predigt, Lehre, Schriftforschung, Armen-, Kranken- und Waisenpflege, Gemeindegründung, Evangelisation und Mission. Die Überbetonung einer einzelnen Aufgabe sei unbiblisch.[21] Im Hinblick auf die Individualisierung und Überbetonung der Missionsaufgabe schreibt er: „Das Herausnehmen, Alleinbearbeiten und Alleinstellen der Missionsaufgabe aus dem Ganzen der biblischen Gemeinde war und ist ein Irrtum (...)".[22] Möglicherweise hatte Hermes' reservierte Haltung zur Missionsaufgabe das Missionsengagement im Bund gehemmt. Später dann empfand man das defizitäre Missionsinteresse der Frühzeit beschämend. Wilhelm Wöhrle schrieb im Jahr 1964 dazu: „Heute muß man mit tiefer Beschämung erkennen, dass unsere

---

18 Schröder, Freie evangelische Gemeinden als Modell der Einheit in Christus, S. 38.
19 Hermes, Hermann Heinrich Grafe und seine Zeit.
20 Albert Fuhrmann, Auslandsmission; in: Mitteilungsblatt des Bundes Freier evangelischer Gemeinden in Deutschland 30, 1962, S. 1; Albert Fuhrmann, Die Auslandsmission unseres Bundes. Vortrag auf der Bundesleitungssitzung der FeG, Lüdenscheid 1962 (Archiv der Allianz-Mission Ewersbach), S. 3 und Müller, Mission und Gemeinde, S. 11.
21 Hermes, Hermann Heinrich Grafe und seine Zeit, S. 175. Dazu gibt es eine interessante Analogie in der gegenwärtigen Diskussion um den adäquaten theologischen Ort des Missionsauftrags. Heinrich Balz bekämpft eine „missionarische" Theologie, die den Sinn der gegenwärtigen Geschichte nur in der Missionierung der Welt sieht. Siehe Heinrich Balz, Rezension zu Peter Beyerhaus: Er sandte sein Wort. Theologie der christlichen Mission; in: ZMR 83, 1999, S. 59 und Heinrich Balz, Beiträge zur Missionstheologie; in: VF 49, 2004, S. 23-25. Sowohl die gegenwärtige Geschichte als auch die Kirche hätten ihre Existenzberechtigung in sich selbst und nicht wegen ihrer Mission. Vor allem evangelikale Theologen wiesen in Rückgriff auf Karl Hartenstein darauf hin, dass die (gegenwärtige) heilsgeschichtliche Zeit zwischen Himmelfahrt und Parusie Christi die Zeit der Mission sei.
22 Hermes, Hermann Heinrich Grafe und seine Zeit, S. 175.

verbundenen Gemeinden durch ihre unklare Haltung in der Missionsfrage eine unwiederbringliche Gelegenheit in China versäumt haben."[23]

Zusammenfassend kann gesagt werden, dass aufgrund des freievangelischen Gemeindeverständnisses die Gründung einer weltmissionarischen Arbeit anfänglich nicht im Blickfeld stand. Dies änderte sich mit der zunehmenden Denominationalisierung der Freien evangelischen Gemeinden.[24] Je mehr sich die Freien evangelischen Gemeinden denominationell profilierten, umso mehr wurde der Wunsch nach einer eigenen Mission geäußert.

6.2 Der Bund der Freien evangelischen Gemeinden und die Neukirchener Mission

Die Suche nach einem außenmissionarischen Arm des Bundes war eng mit der Frage verbunden, ob die Neukirchener Mission (NM) oder deren Afrika-Arbeit ein solcher werden könnte. Die NM hatte von Anfang an Deutschland als Missionsland gesehen und ließ Evangelisten in verschiedene Landesteile ziehen.[25] Die Absolventen der Missions- und Evangelistenschule Neukirchen sollten nicht in eine Arbeit gesendet werden, vielmehr sollten sie ihre Aufgabe selber finden. Durch die Arbeit dieser Evangelisten entstanden in Hessen, am Niederrhein und im Fürstentum Waldeck Freie evangelische Gemeinden.[26] Dementsprechend war es nur verständlich, dass man sich in diesen Freien evangelischen Gemeinden mit der NM verbunden fühlte. Auch theologisch fand man viele Gemeinsamkeiten. So war es das Naheliegendste, in Ausbildung und Mission zusammenzuarbeiten. Doch alle Versuche der Zusammenarbeit, sowohl im Bereich der Ausbildung als auch im Bereich der Mission, scheiterten an einem unterschied-

---

23 [Wilhelm Wöhrle], Fünfundsiebzig Jahre Allianz-Mission-Barmen (1889–1964). Werden und Wachsen in den ersten fünf Jahrzehnten; in: Der Gärtner 71, 1964, S. 630.

24 Zur Denominationalisierung siehe Lenhard, Studien zu Entwicklung der Ekklesiologie in den Freien evangelischen Gemeinden, S. 205-207. Er nennt diesen ekklesiologischen Prozess „Konfessionalisierung“. In dieser Arbeit sollen jedoch die Begriffe „Konfessionalisierung“, „Konfession“ usw. für den Bund der Freien evangelischen Gemeinden nicht gebraucht werden, weil man sich keinem speziellen kirchlichen Bekenntnis verpflichtet fühlte und fühlt. Die Begriffe „Denomination“ bzw. „Denominationalisierung“ entsprechen dem freievangelischen Gemeindeverständnis eher.

25 Man lehnte ein Aussendungsprinzip ab. Als biblische Begründung wurde Apg 13,3 angegeben. Dort seien Paulus und Barnabas auch nirgendwohin ausgesandt worden, sondern man ließ sie ziehen. Siehe dazu Brandl, Neukirchener Mission, S. 320.

26 Brandl, Die Neukirchener Mission, S. 319.

lichen Gemeindeverständnis. In der NM hielt man nachdrücklich an der Interdenominationalität fest, während man sich im Bund der Freien evangelischen Gemeinden zunehmend einem freikirchlichen Gemeindemodell zuwandte. Die frühe Beziehung zwischen NM und Bund wurde von Bernd Brandl historisch erforscht und kurz beschrieben.[27] Dabei stellt Brandl die Geschehnisse bis Ende der 1940er-Jahre dar. Auf spätere Entwicklungen geht er nicht ein. Das soll nun im Blick auf die historischen Geschehnisse jener Zeit aus der Perspektive des Bundes erfolgen.

Die Bemühungen um außenmissionarische Zusammenarbeit zwischen Bund und NM hatten eine Vorgeschichte. Darin ging es um die Zusammenlegung der theologischen Ausbildungsstätten.[28] Jedoch fand man aufgrund ekklesiologischer Differenzen nicht zusammen. Dieses Dilemma sollte sich in Fragen der Mission wiederholen.

Nach dem Zweiten Weltkrieg kam es zu einer Neubesinnung auf die Aufgaben des Bundes in der äußeren Mission.[29] Deshalb suchte man nach einem geeigneten Partner. Es wurde auch erwogen, eine eigene Mission zu gründen. Aus diesem Anlass schrieb Wilhelm Nitsch (1873–1962), Direktor der NM, einen Brief an einen der Verantwortlichen des Bundes[30]. Darin bat er, von einer Neugründung abzusehen und die Unterstützung weiterhin

---

27 Brandl, Die Neukirchener Mission, S. 323-329.
28 In schwierigen Zeiten wurde erwogen, die Predigerschule des Bundes mit der Neukirchener Missions- und Evangelistenschule zusammenzulegen. Damit hätte man wirtschaftliche Vorteile gehabt. Die ersten Gespräche wurden schon 1912 noch vor der Gründung der Predigerschule geführt. Dann kam es in der Zeit der Wirtschaftskrise zu Gesprächen um eine Zusammenlegung der beiden Schulen. Schlussendlich setzte man dieses Thema nach dem Zweiten Weltkrieg erneut auf die Tagesordnung. Brandl irrt jedoch, wenn er meint, das Gebäude der Predigerschule sei im Bombenkrieg zerstört worden und man hätte sich deswegen nach einem neuen Ort umgesehen. Siehe Brandl, Die Neukirchener Mission, S. 325. Richtig ist vielmehr, dass das Gebäude nur leicht beschädigt wurde. Doch es war unmittelbar nach dem Krieg mit evakuierten Familien belegt. Dazu siehe Karl Simon, Fünfzig Jahre Predigerschule; in: Der Gärtner 69, 1962, S. 309. Die Verhandlungen scheiterten, weil man von beiden Seiten zu Konzessionen nicht bereit war. Siehe Brandl, Die Neukirchener Mission, S. 322-328. Nitsch bemerkt zu den Verhandlungen über eine „Verschmelzung" der NM mit der Predigerschule des Bundes, „daß sehr vieles dafür spräche; aber andererseits sprach so manches aus der bisherigen geschichtlichen Entwicklung und auch manches an Gemütswerten schließlich doch so stark dagegen, daß man von einer Vereinigung absehen musste". Siehe Wilhelm Nitsch, Unter dem offenen Himmel. Aus der Geschichte der Waisen- und Missionsanstalt Neukirchen 1878–1928, Neukirchen 1928, S. 160-161.
29 Fuhrmann, Die Auslandsmission unseres Bundes. Vortrag, S. 2.
30 Aus dem Brief wird nicht klar, wer der Angesprochene ist. Es ist jedoch zu vermuten, dass es der Bundesvorsteher Jakob Lenhard war.

sowohl der ACM als auch der NM zukommen zu lassen.[31] Im Hintergrund
standen die gescheiterten Verhandlungen über die Zusammenlegung der
Schulen. Nitsch vermutete, dass der Ausgang dieser Gespräche Irritationen im Bund auslösen könnte, und sah so die Unterstützung der Bundesgemeinden für die NM gefährdet. Tatsache war, dass man vonseiten des
Bundes Klärung in der Beziehung zur NM wünschte. Das machte Jakob
Lenhard (1882–1948), der Vorsteher des Bundes, in einem Brief an Nitsch
unmissverständlich deutlich.[32] Der Einfluss, den die NM auf die Bundesgemeinden und deren Jugend habe, sei enorm.[33] Diese Feststellung Lenhards
hatte ihre historische Wurzel in der engen Beziehung zwischen evangelistischen Arbeiten, aus denen Freie evangelische Gemeinden entstanden,
und der NM.[34] Nach wie vor übte die NM einen großen Einfluss auf die
Bundesgemeinden aus. Ihr beachtlicher Freundeskreis unterstützte weiterhin die Arbeit der NM. Trotzdem – so Lenhard in seinem Brief – dürfe
man von der Bundesleitung keinerlei Einfluss auf die Missionsarbeit der
NM ausüben.[35] Vonseiten des Bundes betrachtete man die NM zunehmend
als Konkurrenz.[36] Um dieses Problem zu lösen, erwog man innerhalb des
Bundes die NM zu bitten, die Missionsarbeit in Afrika an den Bund ab-
zutreten.[37] Diese Bitte hatte historische Gründe. Da man in Neukirchen
theologische Auseinandersetzungen zwischen den volkskirchlich und den
freikirchlich geprägten Missionaren verhindern wollte, sandte man die

---

31 Wilhelm Nitsch, Brief an Jakob Lenhard [?], 28. Oktober 1946 (Archiv der Allianz-
Mission Ewersbach), S. 1.
32 Jakob Lenhard, Brief an Wilhelm Nitsch, 1. März 1947 (Archiv der Allianz-Mission
Ewersbach), S. 2.
33 Lenhard, Brief an Wilhelm Nitsch, S. 2.
34 Brandl, Die Neukirchener Mission, S. 54-55.
35 Lenhard, Brief an Wilhelm Nitsch, S. 2.
36 Das wird in einer Besprechung der Bundesleitung mit Missionar May deutlich zur
Sprache gebracht. Siehe Nachschrift der Besprechung der Bundesleitung mit Br. May
am 10.09.1952 in Ewersbach; in: Sitzungen der Bundesleitung 1933–1955 (Archiv der Allianz-Mission Ewersbach), S. 1.
37 Nach dem Sitzungsprotokoll der Bundesleitung vom 24.03.1947 wird erstmalig der NM
der Vorschlag unterbreitet, „dem Bund Freier evangelischer Gemeinden die Afrika-
Mission als eigene Mission zu überlassen". Siehe das Sitzungsprotokoll der Bundesleitung vom 24.03.1947 in Wuppertal-Vohwinkel; in: Niederschriften der Bundesleitung
(Bd. 1), Januar 1956 bis November 1962 (Archiv der Allianz-Mission Ewersbach), S. 1.

volkskirchlichen Missionare nach Java, die freikirchlichen nach Ostafrika.[38] So entstand eine gewachsene Beziehung zwischen der Afrika-Arbeit der NM und den Bundesgemeinden. Bis 1952 blieb es merkwürdigerweise still um dieses Thema. Im Juni 1952 dann kam diese Frage erneut auf die Tagesordnung der Bundesleitung. In ihrer Sitzung vom 13.08.1952 in Lüdenscheid griff man dieses Thema wieder auf und formulierte Richtlinien für ein Gespräch mit der NM. In diesen Richtlinien legte man fest, dass, wenn man die Afrika-Mission übernehme, ein „Ausschuß" bestehend aus fünf Vertretern des Bundes und drei Vertretern der NM gebildet werden müsse.[39] Der Inspektor, der die Geschäftsführung innehabe, solle ein Mann des Vertrauens sein. Auch solle die Finanzverwaltung gleich wie bei den anderen Bundeswerken gehandhabt werden. Die Ausbildung der Missionare müsse in der Predigerschule des Bundes erfolgen.[40] Damit hatte man dem Wunsch Ausdruck verliehen, als Bund missionarische Verantwortung zu übernehmen. Das hatte theologische Gründe. Nach Meinung der Bundesleitung sind neutestamentliche Gemeinden zur Mission berufen, nicht Missionsgesellschaften.[41] Deswegen sollte Mission direkt von der

---

38 Die Missionsinspektoren der NM Julius Stursberg und später Wilhelm Nitsch betonten stets, dass man Missionare und Missionarinnen, die bereit waren, Kinder gläubiger Eltern zu taufen, nach Java gehen ließe, während die anderen nach Afrika gingen. Zu Stursberg siehe Fiedler, Glaubensmissionen, S. 469; zu Nitsch siehe Wilhelm Nitsch, Die Allianzstellung Neukirchens; in: Missions- und Heidenbote 44, 1922, S. 82-83. In diesem Sinne wurde es auch von freievangelischer Seite verstanden und rezipiert. Da die meisten Missionare und Missionarinnen, die die Kindertaufe ablehnten, freievangelisch waren, war es nur verständlich, dass man die gewachsene historische Beziehung zwischen der Neukirchener Afrika-Arbeit und dem Bund der Freien evangelischen Gemeinden betonte. Vgl. dazu Jakob Millard, Ein Brief an die Freunde der Vohwinkler Schule, Wuppertal-Vohwinkel 1934, S. 5 und Hoenen, Die Freien evangelischen Gemeinden, S. 92. Nach Bernd Brandl entspricht diese Sicht jedoch nicht den historischen Tatsachen. Fakt ist, dass in Ostafrika auch Missionare und Missionarinnen arbeiteten, die weder die Glaubenstaufe vertraten noch freievangelisch waren. Siehe Brandl, Die Neukirchener Mission, S. 414-415.
39 Sitzung der Bundesleitung am 13.08.1952 in Lüdenscheid; in: Sitzungen der Bundesleitung 1933–1955 (Archiv der Allianz-Mission Ewersbach), S. 238. Die Niederschriften, Gesprächsprotokolle und Aktennotizen der Bundesleitung bzw. des Bundesrats wurden mit Seitenangaben versehen. Diese Seitenangaben werden hier angegeben. Wo keine Seitenangaben angegeben oder erkennbar waren, wird die Seitenzahl des vorliegenden Schriftstücks angegeben. Da die Akten der AM keine durchgehenden Seitenangaben haben, wird ebenfalls die Seitenzahl des Schriftstücks angegeben.
40 Sitzung der Bundesleitung am 13.08.1952, S. 238.
41 Die Bundesleitung, Unser Missionswerk; in: Der Gärtner 51, 1948, S. 242.

Gemeinde und nicht über den Umweg einer Missionsgesellschaft erfolgen.[42] Als Gemeindebund wollte man eine selbstständige Missionsarbeit betreiben und deren inhaltliche Schwerpunkte selbst festlegen.[43] Ausschlaggebend für diese Überlegungen war die Weltmissionskonferenz im Juli 1947 in Toronto, Kanada. Karl Hartenstein hatte in seinem Bericht über die Torontokonferenz den Missionsauftrag eschatologisch begründet. Das beeindruckte die Bundesleitung. Des Weiteren berichtet Hartenstein davon, dass man in Toronto um Entsendung deutscher Missionare gebeten hätte. Diese Gedanken Hartensteins wurden von der Bundesleitung freudig aufgenommen und im *Gärtner* zitiert[44] und literarisch rezipiert.[45]

Doch den oben genannten Vorschlägen und Richtlinien konnten die Verantwortlichen der NM nicht zustimmen. Friedrich Schneider, der zu dieser Zeit Inspektor der NM war, führte missionspolitische Gründe an. Danach sei es für einen Gemeindebund unmöglich, direkt in Ostafrika zu arbeiten. Die britische Kolonialregierung würde das nicht zulassen. Missionsarbeit könne nur mit der NM über die englische Kirchenmission erfolgen.[46] Er stimmte zwar dem Vorschlag zu, einen „Ausschuß" aus Vertretern des Bundes und der NM zu bilden, der dann die Missionsarbeit in Afrika beaufsichtigen sollte, machte aber deutlich, dass die Verantwortung nach wie vor bei der NM bleiben müsse.[47] Die Vertreter der Bundesleitung waren skeptisch, wie der weitere Gesprächsverlauf zeigt. Vor allem Karl

---

42 Gesprächsprotokoll über die Äußere Mission des Bundes mit Neukirchen am 07.11.1952; in: Sitzungen der Bundesleitung 1933–1955 (Archiv der Allianz-Mission Ewersbach), S. 1.

43 Auszug aus der Sitzungsniederschrift vom 21./22.07.1952; in: Sitzungen der Bundesleitung 1933–1955 (Archiv der Allianz-Mission Ewersbach), S. 1.

44 Die Bundesleitung, Unser Missionswerk, S. 242.

45 Des Öfteren wurde Hartenstein im *Gärtner* zitiert und rezipiert. Zwar stimmte man nicht völlig mit Hartensteins Eschatologie überein, war aber von der heilsgeschichtlichen Orientierung seiner Theologie beeindruckt. Auch Hartensteins Kampf gegen die neujudaistische Sonderlehre eines Abram Poljak teilte man in freievangelischen Kreisen. Vgl. dazu [Wilhelm Wöhrle], Briefkasten des Schriftleiters; in: Der Gärtner 6, 1952, S. 82 und Richard vom Baur, Der Leser schreibt; in: Der Gärtner 6, 1952, S. 146. Verwirrt nahm man jedoch Hartensteins Deutung von Offenbarung 17 zur Kenntnis, wonach das Bild der Hure auf dem Tier das verweltlichte Kirchentum der Endzeit sei, obwohl Hartenstein ein glühender Anhänger der Ökumene war, die für einige in freievangelischen Kreisen als die antichristliche „Superkirche" galt. Siehe dazu z.B. Hermann Schürenberg, Allianz und Ökumene; in: Mitteilungsblatt Nr. 24, 1959, S. 4-5. Vermutlich wird man in freievangelischen Kreisen auch Hartensteins Allversöhnungslehre abgelehnt haben.

46 Gesprächsprotokoll 07.11.1952, S. 1.

47 Gesprächsprotokoll 07.11.1952, S. 2.

Glebe (1885–1966)[48], Nachfolger Jakob Lenhards als Vorsitzender des Bundes, betonte, dass man als Bund selbstständige Missionsarbeit leisten wolle. Man wolle nun nicht mehr nur – im Bild gesprochen – das Pferdegespann vor dem Wagen der NM sein.[49] Tatsächlich war die NM auf die personelle und finanzielle Hilfe des Bundes angewiesen, denn man durfte die Arbeit in Uha, im Westen des heutigen Tansanias, nur dann wieder aufnehmen, wenn man alle Missionsstationen vollständig besetzen konnte.[50] Das war aber nur mit der Hilfe des Bundes möglich. Trotzdem konnte man vonseiten der NM den Bedingungen der Bundesleitung nicht zustimmen. Es ging dabei um die Besetzung des zu bildenden Ausschusses und um die Frage, wo die künftigen Afrika-Missionare ihre theologische Ausbildung bekommen sollten.[51] An dieser Frage scheiterte die Zusammenarbeit. Unglücklicherweise verschlossen sich auch noch die Türen für eine Missionsarbeit der NM in Uha.[52] Damit wurden die Gespräche abgebrochen, denn sie hätten „leider zu keinem Erfolg geführt", und zudem habe die NM nun kein eigenes Arbeitsfeld mehr, das sie dem Bund übertragen könnte.[53] Nach Brand unterschätzten die Verantwortlichen der NM den Denomi-

---

48 Karl Glebe war von 1935–1960 Pastor der FeG Frankfurt und von 1947–1959 Vorsteher des Bundes.

49 Im Vorfeld dieser Besprechung gab es einen Briefwechsel zwischen Wilhelm Wöhrle (1888–1986), dem Schriftleiter der Zeitschrift *Der Gärtner* und Walter Quiring (1898–1977), dem Leiter des Theologischen Seminars Ewersbach, die beide zur Bundesleitung gehörten. Darin drücken sowohl Wöhrle als auch Quiring ihr Misstrauen gegenüber der NM aus. Quiring schreibt: „Neukirchen gebrauchte uns als Vorspann vor seinen festgefahrenen Wagen und tut dies nicht einmal mit froher Liebe, sondern nur aus Zwang der Selbsterhaltung. Ich könnte mich auch bis zu einem gewissen Grade bereit finden, uns als Vorspann vor den Neukirchener Wagen gebrauchen zu lassen. Aber dann muß von uns auch der Kutscher auf den Bock, anders nicht." Er führt weiter aus: „Mein Bestehen auf unsere Führung der Dinge kommt nicht aus dem Bedürfnis, nun auch in Missionsfragen herrschen und regieren zu wollen, sondern vom gemeindlichen Grundsatz her, und der ist auch für Neukirchen die Lebensfrage." Siehe Walter Quiring, Brief an Wilhelm Wöhrle, 4. November 1952 (Archiv der Allianz-Mission Ewersbach), S. 1-2. Vgl. dazu auch Wilhelm Wöhrle, Gedanken zur Sitzung mit den Vertretern der Neukirchener Mission am 7. 11.1952; in: Sitzungen der Bundesleitung 1933–1955 (Archiv der Allianz-Mission Ewersbach), S. 1.

50 Gesprächsprotokoll 07.11.1952, S. 3.

51 Sitzung der Bundesleitung am 18./20.01.1953 im Bundeshaus Witten; in: Sitzungen der Bundesleitung 1933–1955 (Archiv der Allianz-Mission Ewersbach), S. 4.

52 Sitzung der Bundesleitung am 16.02.1953 in Solingen-Aufderhöhe; in: Sitzungen der Bundesleitung 1933–1955 (Archiv der Allianz-Mission Ewersbach), S. 267.

53 Niederschrift der Sitzung des Bundesrates am 17./18.03.1953 im Gemeindehaus Klafeld-Geisweid. 65; in: Niederschriften des Bundesrates 1947–1961 (Archiv der Allianz-Mission Ewersbach), S. 1.

nationalisierungsprozess im Bund der Freien evangelischen Gemeinden völlig.[54] Wollte man in der Frühzeit der Freien evangelischen Gemeinden bewusst keine neue Denomination mit einem eigenen dazugehörenden Missionswerk ins Leben rufen, so war man ca. 90-100 Jahre später völlig anderer Meinung. Nun wollte man, als Ausdruck gemeindlichen Selbstbewusstseins, ein eigenes Missionswerk haben. In den Auseinandersetzungen mit der NM wird das ausdrücklich geäußert. Man war zu Konzessionen im Bereich der ekklesiologischen Prägung der zukünftigen Arbeit und der Missionare nicht mehr bereit. Sowohl die Arbeit als auch die Missionare sollten mit freievangelischem Gemeindeverständnis übereinstimmen.[55] Deswegen bestand man darauf, die zukünftigen Afrika-Missionare selbst auszubilden und organisatorisch die Missionsarbeit bestimmen zu dürfen. Überblickt man die Argumente in den Akten, dann wird deutlich, dass die ekklesiologische Profilierung meist negativ in der Ablehnung volkskirchlicher Strukturen erfolgt.[56] Ein positiver Ansatz oder theologisch-exegetische Reflektionen zum Thema Mission und Gemeinde sind in den Akten nicht enthalten. Man sagte, was man nicht wollte, nämlich eine Mission zu unterstützen, die auf einen volkskirchlichen „Kurs" zusteuerte.

Doch das Problem mit der NM war noch nicht geklärt. Ende der 1950er-Jahre ließen sich die freievangelischen „Brüder" Lohmann und Höfken in die Leitung der NM berufen.[57] Dazu kam, dass der aus Freien evangelischen Gemeinden stammende Missionar Wilhelm May (1901–1965) weiterhin mit großem Erfolg für die NM in Tansania arbeitete.[58] May war in freievangelischen Kreisen sehr populär. Ihm sollte Gottfried Borchert[59], der auch

---

54 Brandl, Die Neukirchener Mission, S. 326.

55 Hierin zeigt sich eine Analogie zu der Argumentation, die schon von Jakob Millard in den Verhandlungen über eine Zusammenlegung der theologischen Ausbildungsstätten vorgetragen wurde. Siehe Millard, Ein Brief an die Freunde der Vohwinkler Schule, S. 4-11.

56 Auch in der Zeitschrift Der Gärtner wird ähnlich argumentiert. Zur Allianzstellung der NM wird ironisch gefragt: „Ist das nicht weder Fisch noch Fleisch?" Siehe anonym, „Allianzstellung" der Neukirchener Mission; in: Der Gärtner 68, 1961, S. 1016.

57 Sondersitzung der Bundesleitung am 22.05.1958 in Ewersbach; in: Niederschriften der Bundesleitung (Bd. 1), Januar 1956 bis November 1962 (Archiv der Allianz-Mission Ewersbach), S. 104. Die Hintergründe für diese Berufung sind unbekannt. Möglicherweise versuchte man durch die Berufung der freievangelischen Missionsausschussmitglieder Entgegenkommen an den Bund zu signalisieren.

58 Fritz Gissel, Bwana May. Ein Leben für Afrika, Neukirchen 1965, S. 21-25.

59 Borchert wechselte später zur AM. Aufgrund dieses Wechsels wurde Tansania ein Missionsgebiet der AM. Siehe Heinz Müller, Wie kam es zur Zusammenarbeit zwischen der Afrika-Inland-Kirche von Tansania (AICT) und der Allianz-Mission?; in: Missionsbote 98, 1989, S. 42-43.

freievangelisch war, nach Tansania folgen.[60] Des Weiteren kamen erneute Anfragen von der NM, ob man zusammenarbeiten wolle. Die Verantwortlichen des Bundes lehnten jedoch jegliche Zusammenarbeit kategorisch ab, denn man sah, dass sich in der NM trotz der personellen Veränderung ein volkskirchlicher Kurs verfestigte.[61] Nun brach man alle Gespräche mit der NM ab und versuchte, deren Einfluss auf die Bundesgemeinden entgegenzuwirken. Es müsse „eine straffgefaßte und gelenkte Missionsarbeit durch den Bund" implementiert werden, um der NM weitere Einflussnahme zu entziehen.[62] Man wollte sogar unterbinden, dass die NM in Bundesgemeinden Geld sammle.[63] Diese vehementen Äußerungen der Bundesleitung verwundern, denn sie widersprechen der kongregationalistischen Ekklesiologie der Freien evangelischen Gemeinden, wonach alle Gemeinden independent sind. In der „Verfassung des Bundes Freier evangelischer Gemeinden in Deutschland" heißt es: „Entsprechend dem independentischen Gemeindegrundsatze kann der Bund nur mit geistlichen Mitteln auf die Gemeinden einwirken, also den Gemeinden nur ratend, helfend und mahnend zur Stütze dienen. Er kann daher in die Angelegenheiten der Einzelgemeinden nicht wider deren Willen eingreifen."[64] Und in der ergänzten Fassung von 1928 heißt es: „In kirchenrechtlicher Beziehung vertritt der Bund den independentischen Grundsatz, dass jede Gemeinde in ihren eigenen Angelegenheiten den anderen gegenüber selbstständig ist, so dass sich in dem Verband keine Kirchenbehörde bilden kann."[65] Deswegen ist Zimmermanns Verständnis richtig, wenn er schreibt, dass aufgrund des kongregationalistischen Gemeindeverständnisses jede Ortsgemeinde der Freien evangelischen Gemeinden für sich selbst entscheiden könne, welche missionarische Arbeit sie unterstützen wolle.[66] Merkwürdigerweise fiel den Verantwortlichen der Bundesleitung dieser Widerspruch nicht auf und die ekklesiologischen Fragen, die durch die Auseinandersetzung mit

---

60 Sondersitzung der Bundesleitung am 22.05.1958, S. 104.

61 Sondersitzung der Bundesleitung am 22.05.1958, S. 104; Niederschrift der Sitzung der Bundesleitung am 30./31.05.1960 in Wiesbaden und Niederschrift der Sitzung der Bundesleitung am 23./24.01.1961 in Solingen-Aufderhöhe; beide in: Niederschriften der Bundesleitung (Bd. 1), Januar 1956 bis November 1962 (Archiv der Allianz-Mission Ewersbach), S. 204 bzw. S. 230.

62 Sondersitzung der Bundesleitung am 22.05.1958, S. 104.

63 Sitzung der Bundesleitung am 18./19.01.1953 im Bundeshaus Witten; in: Sitzungen der Bundesleitung 1933–1955 (Archiv der Allianz-Mission Ewersbach), S. 263.

64 Peter Bolten/Jakob Millard, Verfassung des Bundes Freier evangelischer Gemeinden in Deutschland, Witten 1922, S. 5-6.

65 Zitiert in Betz, Von der Freiheit will ich singen, S. 9.

66 Zimmermann, Der Weg Freier evangelischer Gemeinden zur Außenmission, S. 350.

der NM entstanden, blieben ungeklärt. In den Veröffentlichungen wird dann jedoch nur die Empfehlung ausgesprochen, die AMB zu unterstützen.

Der Bund wollte eine denominationelle Gemeindemission, und da die NM keine werden wollte, sollte das in Zukunft die AMB werden.[67] Nun war endgültig die Entscheidung gegen die NM und für die AMB getroffen. In der Niederschrift der Bundesleitungssitzung vom 23. März 1962 wird der Vereinbarung zugestimmt, „daß der Bund einen ganz klaren Kurs steuert und die wachstumsmäßige Bindung an die Allianz-Mission nicht mehr aufgeben wird".[68]

6.3 Der Eingliederungsprozess der Allianz-Mission in den Bund der Freien evangelischen Gemeinden bis 1954

Die Differenzen der Frühzeit zwischen DCAM und dem Bund der Freien evangelischen Gemeinden, die durch die Auseinandersetzung zwischen Franson und Neviandt verursacht waren, konnten im Laufe der Jahre überwunden werden. Möglicherweise haben die Besuche von Hudson Taylor in Barmen bei der DCAM dazu beigetragen, die Vorurteile gegen die DCAM abzubauen. Taylor stand in allen Kreisen der Erweckten, auch bei den Leitern des Bundes, in hohem Ansehen. So kam es, dass schon zum Jahrhundertanfang einige Freie evangelische Gemeinden begannen, die DCAM zu unterstützen.[69] Von größter Wichtigkeit für das Zusammenkommen von Bund und Mission war die Eröffnung der Predigerschule des Bundes in Wuppertal-Vohwinkel im Jahre 1912. Bedeutsam war dies deswegen, weil die DCAM in dieser Schule ihre Missionskandidaten theologisch ausbilden ließ. Das wurde offiziell schon vor der Gründung angeregt und von Jakob Millard, dem Leiter der Schule, besonders betont.[70] An der Eröffnungsfeier beteiligten sich dann der damalige Missionsinspektor der DCAM Karl Engler und Carl Polnick mit Ansprachen.[71] Obwohl man Polnick in freievangelischen Kreisen für einen Enthusiasten hielt, scheinen zu diesem Zeitpunkt

67 Niederschrift der Sitzung der Bundesleitung am 23./24.02.1962 in Wiesbaden; in: Niederschriften der Bundesleitung (Bd. 1), Januar 1956 bis November 1962 (Archiv der Allianz-Mission Ewersbach), S. 280.

68 Niederschrift der Sitzung der Bundesleitung am 23.03.1962 in Wuppertal-Elberfeld; in: Niederschriften der Bundesleitung (Bd. 1), Januar 1956 bis November 1962 (Archiv der Allianz-Mission Ewersbach), S. 284.

69 Jung, Vom Kampf der Väter, S. 136.

70 Millard, Ein Brief an die Freunde der Vohwinkler Schule, S. 27.

71 Millard, Ein Brief an die Freunde der Vohwinkler Schule, S. 26.

die früheren Ressentiments überwunden zu sein.[72] Seit der Gründung der Schule bis heute war es Tradition, dass die Missionsinspektoren bzw. Missionsleiter der AM an der Ausbildung der Studenten der Predigerschule bzw. des Theologischen Seminars Ewersbach beteiligt wurden. Meist unterrichteten sie missionsspezifische Fächer.[73] Diese Verbindungslinie von ACM zum Bund sollte sich als wichtiger Anstoß für eine Zusammenarbeit erweisen.

Die Initialzündung zur engeren Zusammenarbeit gab offenbar ein Bericht von Bundesgeschäftsführer Karl Mosner (1899–1951) an einem Missionsabend der Bundeskonferenz 1947 in Ewersbach. Darin äußerte Mosner den Gedanken, dass es dem Bund nicht gelungen sei, in den Gemeinden das Missionsinteresse zu wecken. Die Missionsaufgabe hätte man der NM und ACM überlassen.[74] Diese Praxis entspreche jedoch nicht dem neutestamentlichen Vorbild. Mosner insistierte auf den Bericht in Apg 13,1f, wonach Paulus und Barnabas von der Gemeinde in Antiochien direkt ausgesandt worden wären. Dieses Argument überzeugte anscheinend die Anwesenden, denn Fuhrmann berichtet von einer „sichtbar bewegten Versammlung".[75] Daraufhin begann man, in der Bundesleitung die Möglichkeiten für eine außenmissionarische Arbeit zu sondieren. Dabei wurde, wie schon dargestellt, eine Zusammenarbeit mit der NM erwogen. Doch schon damals gab es eine Gegenstimme, die meinte, man dürfe deswegen nicht das bisherige

---

72 In der Beurteilung der „Kassler Bewegung" war man sich in Bund und Mission anscheinend einig. Die Komiteemitglieder der ACM August Kmitta und August Rudersdorf unterschrieben die sog. „Berliner Erklärung" . Siehe Dieter Lange, Eine Bewegung bricht sich Bahn: Die deutschen Gemeinschaften im ausgehenden 19. und beginnenden 20. Jahrhundert und ihre Stellung zu Kirche, Theologie und Pfingstbewegung, Gießen 1979, S. 290. Polnick gehörte nicht zu den Unterzeichnern, wahrscheinlich war er in Berlin gar nicht anwesend. So bleibt es offen, welche Stellung Polnick zur „Kassler Bewegung" einnahm. Im CB wird dieses Thema nicht zur Sprache gebracht. Lediglich der „Barmer Kompromißbeschluß" von 1907 wird kommentarlos abgedruckt. Polnick gehörte zu den Unterzeichnern dieses Kompromisses. Siehe Lange, Eine Bewegung bricht sich Bahn, S. 186-187.

73 Ausnahmen waren Karl Engler und Paul Sprenger. Engler unterrichtete allgemeinbildende Fächer, Sprenger als Berufstheologe unterrichtete viele exegetische und dogmatische Fächer. Kurt Zimmermann, Hans Flick, Heinz Müller und Ansgar Hörsting unterrichteten missiologische Fächer.

74 Fuhrmann, Auslandsmission, S. 3.

75 Fuhrmann, Die Auslandsmission unseres Bundes. Vortrag, S. 2.

Engagement für die ACM reduzieren.[76] Es scheint, dass die ACM Freunde in der Bundesleitung hatte. Das ist auch kaum verwunderlich, denn viele der China-Missionare hatten einen freievangelischen Hintergrund und Freundeskreis. Im Dezember 1947 dann bekam Karl Dietrich, der Vorsitzende der ACM, einen Brief von Mosner. Darin stellte Mosner den Wunsch des Bundes nach einer eigenen Missionsarbeit dar und bat um „die Freigabe eines Missionsfeldes".[77] Diese unglückliche Formulierung löste Irritationen in der ACM aus. Sie sah ihre Selbstständigkeit und ihren Allianzcharakter bedroht.[78] Dieses Missverständnis konnte jedoch ausgeräumt werden. Ein Grund für die rasche Verständigung ist der Person Karl Dietrich zuzuschreiben. Er war zu dieser Zeit nicht nur Vorsitzender der ACM, sondern auch Mitglied im Bundesvorstand der Freien evangelischen Gemeinden und gehörte zudem auch dem „Arbeitskreis für Mission" an, der vom Bund in den Nachkriegsjahren gebildet worden war.[79] Er war somit ein Vertreter beider Seiten und konnte so die Gespräche „im Geiste des Verstehens und des gegenseitigen Vertrauens" führen.[80] Man einigte sich, dass die ACM ihren Allianzcharakter bewahren solle, wünsche sich jedoch als Bund mehr Mitspracherecht[81] in der ACM. Des Weiteren werde man von Bundesseite versuchen, das Missionsengagement in den Bundes-

---

76 Sitzung der Bundesleitung am 24.03.1947 in Wuppertal-Vohwinkel; in: Sitzungen der Bundesleitung 1933–1955 (Archiv der Allianz-Mission Ewersbach), S. 1. Schon 1945 wurde vonseiten der Bundesleitung erwogen, dass ein offizieller Vertreter des Bundes in das Missionskomitee der ACM (und auch in das der NM) eingesetzt werden sollte. Dazu siehe die Sitzung der Bundesleitung am 04.09.1945 in Ewersbach; in: Sitzungen der Bundesleitung 1933–1955 (Archiv der Allianz-Mission Ewersbach), S. 1.

77 Niederschrift über die Sitzung des Brüderrates der ACM am 15.01.1948 in Lüdenscheid; in: Akte Dietrich (Archiv der Allianz-Mission Ewersbach), S. 2. Wörtlich schrieb Mosner: „Dabei möchten wir die Verbindung mit den beiden Missionsgesellschaften, der Neukirchener und der Allianz-China-Mission, gern weiter bestehen lassen, ja, nach Möglichkeit noch inniger zu gestalten suchen. Voraussetzung dafür ist natürlich, daß die Gesellschaften bereit sind, uns bei der Wiedereröffnung der Missionsfelder je eines ihrer Missionsfelder zur Verfügung zu stellen." Siehe Karl Mosner, Brief an Karl Dietrich, 4. Dezember 1947; in: Akte Dietrich (Archiv der Allianz-Mission Ewersbach), S. 1.

78 Karl Dietrich, Brief an die Bundesleitung der FeG, 19. Januar 1948; in: Akte Dietrich (Archiv der Allianz-Mission Ewersbach), S. 1.

79 Dietrich war von 1947 bis 1967 Mitglied der Bundesleitung.

80 Karl Dietrich, Brief an die Mitglieder des Brüderrates der ACM, 22. März 1948; in: Akte Dietrich (Archiv der Allianz-Mission Ewersbach), S. 1.

81 Es gehe nicht um eine Interessenvertretung des Bundes in der ACM, sondern um „ein Mittragen an der Missionsaufgabe und ein Hineintragen des Missionswillens der Bundesgemeinden in die Missionsgesellschaften". Siehe Dietrich, Brief an die Mitglieder des Brüderrates der ACM, 22. März 1948, S. 1.

gemeinden zu fördern und es der ACM zugutekommen zu lassen.[82] Bis 1952 war man mit dieser Regelung zufrieden. In diesem Jahr wurden dann die Gespräche um eine engere Zusammenarbeit wieder aufgenommen. Zum einen beendete die CIM ihre Beziehung zu allen assoziierten Missionen[83], so auch zur AMB.[84] Schon zuvor hatte sich der Schweizer Zweig der AMB selbstständig gemacht.[85] Die AMB war nun unabhängig und musste auf niemand mehr Rücksicht nehmen. Zum anderen stockten die Verhandlungen mit der NM. Kennzeichnend dafür ist Wilhelm Wöhrles Eintreten für die Zusammenarbeit mit der AMB. Wilhelm Wöhrle (1888–1986) war ein einflussreicher Mann im Bund der Freien evangelischen Gemeinden. Er war nicht nur in der Bundesleitung tätig, sondern auch Leiter des freievangelischen Bundes-Verlags. Nach Wöhrle stehe man der AMB wesentlich näher als der NM.[86] Die Missionare der AMB würden in der Predigerschule des Bundes ausgebildet und hätten somit freievangelische Prägung. Auch die neuen Missionsfelder der AMB scheinen Erfolg versprechend. Deswegen sehe er jedenfalls keine Hürden für eine Zusammenarbeit.[87] Doch da man mit der NM in Verhandlungen stand, wollte man zunächst deren Erfolg abwarten. Auch nachdem die Verhandlungen scheiterten, wurde von dem freievangelischen Prediger und Bundesratsmitglied Hermann Ruloff (1917–1988) erwogen, eine „Freundeskreis-Arbeit" im Bund zu beginnen, um die Missionsarbeit von Wilhelm May zu unterstützen.[88] Dies wurde jedoch von den Verantwortlichen abgelehnt, denn man wollte May nicht vor die Entscheidung stellen, „ob er als Missionar der Neukirchener Mission oder als Missionar des Bundes Freier evangelischer Gemeinden nach Afrika gehen wolle".[89] Im Jahr 1954 wandte man sich nach den gescheiterten Gesprächen mit der NM der AMB zu. Dort sah man für eine Zusammenarbeit alle Bedingungen erfüllt. So sei man mit der AMB in den wichtigen herme-

---

82 Dietrich, Brief an die Bundesleitung der FeG, S. 1.

83 Klaus Fiedler, Der deutsche Beitrag zu den interdenominationellen Missionen; in: Hans Kasdorf/Klaus Müller (Hrsg.), Bilanz und Plan. Mission an der Schwelle zum Dritten Jahrtausend. Festschrift für George W. Peters, Bad Liebenzell 1988, S. 194.

84 Anonym, Mitteilungen an unsere Missionsfreude; China-Bote 60, 1952, S. 16.

85 Paul Schär, Was nun? Gibt es einen gemeinsamen neuen Auftrag?; in: 100 Jahre Schweizer Allianz-Mission. Dankbarkeit, Standortbestimmung, Ausblick. An der Schwelle des zweiten Jahrhunderts, Winterthur 1989, S. 24.

86 Wöhrle, Gedanken zur Sitzung mit den Vertretern der Neukirchener Mission, S. 2.

87 Wöhrle, Gedanken zur Sitzung mit den Vertretern der Neukirchener Mission, S. 2.

88 Besprechung in Missionsfragen am 9.7.1953 im Bundeshaus in Witten, Aktenvermerk 05.09.1953; in: Sitzungen der Bundesleitung 1933–1955 (Archiv der Allianz-Mission Ewersbach), S. 1.

89 Besprechung in Missionsfragen, S. 1.

neutischen und ekklesiologischen Fragen einig. In der Bundesratssitzung vom 23. bis 24. März 1954 wird dann berichtet, dass man Gespräche mit der AMB aufgenommen habe.[90] Die AMB zeigte sich offen für das Anliegen des Bundes. Im *Mitteilungsblatt* des Bundes wurden dann die Ergebnisse dieser Verhandlungen zusammenfassend präsentiert.[91] Darin wird zu einem vermehrten Engagement für die Auslandsmission aufgerufen. Da der Bund keine eigene Mission beginnen könne, weil ihm die „geeigneten Kräfte, die Erfahrungen, die Verbindungen ins Ausland und die Mittel" fehlten, bittet er die Gemeinden, „sich mit ihren Gebeten und Opfern hinter die Arbeit der Allianz-Mission Barmen" (und den Afrika-Missionar der NM Wilhelm May) „zu stellen".[92] Dafür werden von dem anonymen Verfasser geschichtliche, theologische und organisatorische Gründe genannt.[93] Er erwähnt, dass die AMB-Missionare „ausschließlich" in der Predigerschule des Bundes ausgebildet werden und dass der Missionsinspektor dort „missionskundlichen Unterricht" gebe. Zudem seien sowohl die Mehrzahl im Brüderrat als auch viele Missionare und Missionarinnen freievangelisch. Auch theologisch stimme die AMB „der neutestamentlichen Gemeindewahrheit"[94], „der Gläubigentaufe" und „der Bildung von Einzelgemeinden nach dem Vorbild des Neuen Testaments"[95] zu. Ferner hätte die AMB im organisatorischen Bereich keine konkurrierenden Parallelstrukturen in Deutschland, denn sie beschränke sich, abgesehen vom Heimatdienst der Missionare, auf ihre Missionsgebiete. Zudem sei ihre Verwaltung auf das Wesentliche

---

90 Bundesratssitzung vom 23./24.03.1954, S. 79.

91 Anonym, Äußere Mission – Aufgabe der Gemeinde Jesu; in: Mitteilungsblatt des Bundes Freier evangelischer Gemeinden in Deutschland 13, 1954, S. 3-4.

92 Anonym, Äußere Mission, S. 3.

93 Anonym, Äußere Mission, S. 3.

94 Anonym, Äußere Mission, S. 3. Es ist anzunehmen, dass diese Formulierung auf die Bildung von Gemeinden aus ausschließlich Glaubenden abzielt. Dazu schreibt Dietrich an die Bundesleitung, dass die Arbeit der ACM schon vollständig nach den ekklesiologischen Grundsätzen der Freien evangelischen Gemeinde geführt werde. Siehe Dietrich, Brief an die Bundesleitung der FeG, S. 1.

95 Anonym, Äußere Mission, S. 3. Das entsprach den Tatsachen. Die von der ACM gegründeten Gemeinden waren selbstständige Gemeinden, die sich zu einem Bund zusammenschlossen. Jedoch hätte man die ekklesiologische Entwicklung den chinesischen Gemeinden selbst überlassen. Siehe anonym, Allianz-China-Mission; in: Der Gärtner 44, 1936, S. 639.

beschränkt.[96] Interessant ist, dass an diesen Punkten die Zusammenarbeit mit der NM scheiterte. Weiter führt der Verfasser aus, dass die AMB ihren Allianzcharakter bewahren könne, und es sei auch nicht so, dass die AMB in den „Bund aufgehen" solle. Jedoch übernehme der Bund die volle finanzielle Verantwortung für die aus den Bundesgemeinden ausgesandten Missionare. Deren Missionsberichte sollen in den Bundeszeitschriften *Der Gärtner* und *Der Pflüger* veröffentlicht werden. Zusätzlich werden die Bundesratmitglieder Walter Quiring und Hermann Ruloff in den Missionsausschuss der AMB berufen, um die personelle Verzahnung zu verstärken.[97] Mit diesem Bericht fanden die Verhandlungen zunächst einen vorläufigen Abschluss.

6.4 Angliederungspragmatismus

Nach einer Stellungnahme aus dem Jahr 1952 von Wilhelm Wöhrle stünden sich Bund und AM theologisch nahe.[98] Jedoch waren außertheologische Faktoren für ein Zusammenkommen von Bund und AM weit bedeutsamer. Diese Faktoren waren pragmatischer Art. Zum einen entstand die AM in der Nachbarschaft der ersten Freien evangelischen Gemeinde in Wuppertal-Elberfeld. Wuppertal und die weitere Umgebung war ein Kernzentrum Freier evangelischer Gemeinden. So war es kaum verwunderlich, dass sich sowohl viele Missionare als auch unterstützende Kreise aus diesen Gemeinden rekrutieren ließen.[99] Dadurch verursacht, kam es schon früh zu einer personellen Verzahnung. Einer der ersten freievangelischen Komiteemitglieder war der Gemeindeprediger Ludwig Henrichs, ein extremer

---

96 In einem Sitzungsprotokoll der Bundesleitung wird ähnlich argumentiert: So gebe es eine gemeinsame Geschichte und eine personelle Verzahnung. Auch habe die AMB keine Nebentätigkeit in Deutschland und eine lediglich aufs Notwendigste beschränkte Verwaltung. Siehe die Sitzung der Bundesleitung vom 22./24.02.1954 in Witten; in: Sitzungen der Bundesleitung 1933–1955 (Archiv der Allianz-Mission Ewersbach), S. 318. Der große Verwaltungsapparat der NM wurde von der Bundesleitung heftig kritisiert. So seien in der „Neukirchener Anstalt jetzt 23 hauptamtliche Mitarbeiter für zwei Missionare" tätig. Siehe die Sondersitzung der Bundesleitung am 22.05.1958 in Ewersbach; in: Niederschriften der Bundesleitung (Bd. 1), Januar 1956 bis November 1962 (Archiv der Allianz-Mission Ewersbach), S. 104.

97 Anonym, Äußere Mission, S. 4.

98 Wöhrle, Gedanken zur Sitzung mit den Vertretern der Neukirchener Mission, S. 1.

99 Fuhrmann schreibt dazu: „Die Missionsgeschwister sind fast ausschließlich Glieder Freier evangelischer Gemeinden." Siehe Fuhrmann, Die Auslandsmission unseres Bundes. Vortrag, S. 4.

Anhänger der Heiligungsbewegung. Er war sehr von Franson und Polnick beeinflusst und hielt die von Grafe betonte Rechtfertigungslehre für „landläufige Lehren", die „abgestandenen Wassern" gleichen.[100] Deswegen wurde er nach Deutung von August Jung in den freievangelischen Gemeinden nach kurzem Dienst – er war von 1899–1903 Prediger der FeG Lüdenscheid – heimatlos.[101] Sein weiterer Lebensweg zeigt, dass es Henrichs nicht um ekklesiologische Profilierung ging. Zuerst war er Mitarbeiter der Zeltmission von Jakob Vetter (1872–1918), danach freier Evangelist im Rheinland. Zuletzt war er Missionsinspektor in der von volkskirchlichen Kreisen getragenen Rheinischen Mission.[102] Deswegen darf man Henrichs' Mitgliedschaft im Komitee der DCAM nicht überbewerten, denn ekklesiologische Überlegungen scheinen in seinem Dienst kaum eine Rolle gespielt zu haben, und ebenso wenig scheint er an einem Zusammenkommen von Bund und Mission interessiert gewesen zu sein. Da er aber als freievangelischer Prediger auch Komiteemitglied der DCAM war, wurde damit eine Tür für andere geöffnet. Ein anderer Umstand, der eine personelle Verzahnung ermöglichte, waren verwandtschaftliche Beziehungen. Dies zeigt sich bei der Person Gustav Demmers. Demmer lebte nicht nur in geografischer Nähe zur DCAM, sondern er war überdies Carl Polnicks Schwager. Deswegen ist es kaum verwunderlich, dass er sich, obwohl er Gemeindeältester der FeG Düsseldorf war, in das Komitee der DCAM berufen ließ.[103] Das zeigt, dass die Beziehung von DCAM und FeG Düsseldorf schon früh zustande kam. Dort war auch der in freievangelischen Kreisen sehr angesehene Unternehmer August Rudersdorf Mitglied und zeitweise Gemeindeältester. Möglicherweise ist er durch Demmer für die ACM gewonnen worden. Auffällig dabei ist, dass Demmer, Rudersdorf und später Engler Mitglieder der gleichen FeG waren, worin sich zeigt, dass weniger theologische Überlegungen als vielmehr freundschaftliche und

100 Jung, Vom Kampf der Väter, S. 268-269.
101 Jung, Vom Kampf der Väter, S. 269.
102 Goßweiler, Unterwegs zur Integration von Mission und Kirche, S. 38-42.
103 Nach Johannes Theophil Giffey war auch Auguste Schnütgen (mit Elisabeth Bäumer) die erste Missionarin, die mit der DCAM nach China ausreiste, Mitglied in der FeG Düsseldorf. Siehe Johannes Theophil Giffey, Aus fünfzigjähriger Geschichte der Freien evangelischen Gemeinde zu Düsseldorf, Witten 1930, S. 58.

verwandtschaftliche Faktoren[104] zu dieser Verzahnung führten.[105] Es ist auch sehr wahrscheinlich, dass Werner Schnepper in das Komitee der ACM berufen wurde, weil er mit dem Missionsleiter des ACM Kurt Zimmermann befreundet war. Sie lernten sich 1926 in der Predigerschule des Bundes kennen.[106] Schnepper war später Prediger der FeG Wuppertal-Barmen und hatte somit sein Betätigungsfeld in unmittelbarer Nachbarschaft zur ACM. Zudem schloss sich die Muttergemeinde der ACM, die Missionsgemeinde Seifenstraße, im Jahr der Zerstörung des Missionshauses 1943 mit der FeG Barmen-Unterdörnen zusammen.[107] Damit war die Kerngemeinde der ACM freievangelisch geworden. Die Prediger dieser „vereinigten" Gemeinde waren lange Zeit auch im Missionskomitee der ACM vertreten. Dieser Trend der personellen Verzahnung sollte sich fortsetzten. Wenn im Jahr 1906 nur Demmer und Henrichs als freievangelische Komiteemitglieder der ACM fungierten, so waren 1940 schon sechs von vierzehn Komiteemitgliedern freievangelisch[108], und einundzwanzig Jahre später, im Jahr 1961, waren schon von insgesamt vierzehn Brüderratsmitgliedern elf freievangelisch[109].

6.5 Der Neuanfang in Brasilien mit Missionar Möller und die daraus entstehenden Folgen für Bund und Mission

Nachdem die Missionare der ACM, bedingt durch die maoistische Revolution, China verlassen mussten, sah man sich nach einem neuen Arbeitsgebiet um. Maria Hardenberg (1906–1991), die zuvor in China gearbeitet hatte,

---

104 Auch Sprenger kam aufgrund seiner Heirat in die Leitungsverantwortung der ACM. Siehe Kapitel 5.5 dieser Arbeit.

105 Es wurde auch üblich, im CB Traueranzeigen bedeutender Persönlichkeiten des Bundes zu veröffentlichen, z.B. die Traueranzeigen für Leopold Bender und Otto Schopf. Zu Schopf wird bemerkt, dass dieser ein „warmherzige(r) Freund" der ACM war. Siehe anonym, Prediger Otto Schopf †; in: China-Bote 21, 1913, S. 47-48 und anonym, Prediger Leopold Bender in Clön †; in: China-Bote 22, 1914, S. 30.

106 Kurt Zimmermann, Werner Schnepper. Ein Prediger, Lehrer und Seelsorger im Bunde unserer Freien evangelischen Gemeinden; in: Der Gärtner 56, 1949, S. 398.

107 Jung, Vom Kampf der Väter, S. 104.

108 Karl Dietrich, Konrad Bussemer, Adolf Kaiser, Johannes Oesterlee, Werner Schnepper und Oskar Schmidt.

109 Das waren Karl Dietrich, Kurt Zimmermann, Hans Flick, Walter Quiring, Hermann Ruloff, Albert Fuhrmann, Adolf Kaiser, Walter Arnold, Hermann Schäfer, Edward Fett und Adolf Küpper. Noss und Riemenschneider waren Baptisten. Otto Weber war reformiert und Direktor Beck von der Missionsgemeinschaft Stuttgart-Möhringen scheint der württembergischen Landeskirche angehört zu haben.

reiste dann 1952 als erste Missionarin der AM nach Japan aus. Damit wurde eine neue Phase in der Geschichte der AM eingeleitet.[110] Nun sollte ein neues Missionsgebiet dazukommen, nämlich Brasilien. Das hatte seinen Grund in dem Wunsch von Gisela und Kurt Möller, die sich nach Brasilien gerufen fühlten. Auch andere Missionen orientierten sich in dieser Zeit nach Brasilien.[111] Da man vom Bund aus die Organisation für das Ehepaar Möller nicht übernehmen konnte, leitete man sie an die AMB weiter. Dort entschloss man sich – zwar nur zögerlich –, mit den Möllers in Brasilien eine Missionsarbeit zu beginnen.[112] Kurt Möller (1921–2002) und seine Frau Gisela Möller geb. Happe, eine Ärztin, waren freievangelisch. Möller durchlief seine theologische Ausbildung in der Predigerschule des Bundes in Ewersbach, bevor er Schriftleiter der Jugendzeitschrift *Der Pflüger* im Bundes-Verlag wurde.[113] Ihm schwebte das Ideal eines Freimissionars vor. Er übernahm die im Geiste der Heiligungsbewegung entstandene „Aussendungstheologie" von Julius Stursberg (1857–1909), dem ersten Inspektor der NM. Der zufolge seien Paulus und Barnabas vom Heiligen Geist ausgesandt worden. Sie zögen „so königlich frei, so unabhängig und selbstständig, so losgelöst von aller menschlichen Oberleitung, so ganz allein von ihrem König abhängig, von ihm geführt, aber auch so auf Ihn allein gelehnt"[114] hinaus, sodass man nach Möller nicht „die Gemeinde in Antiochien (...) als ‚aussendende Gemeinde'" ansehen könne. Möller ging es dabei um die Autoritätsfrage. Da Paulus und Barnabas nicht von der Gemeinde, sondern vom Heiligen Geist ausgesandt worden wären, dürfe die Gemeinde auch

---

110 Buchholz, 100 Jahre Allianz-Mission: Geschichte, S. 23.

111 Anonym, Brasilien; in: Der Gärtner 62, 1955, S. 637. Die Mission der Brüderbewegung, das Wiedenester Missionshaus, die Gnadauer Brasilien-Mission und die Marburger Brasilienmission arbeiteten schon dort. Vgl. anonym, Brasilien, S. 637 und Norbert Schmidt, Von der Evangelisation zur Kirchengründung. Die Geschichte der Marburger Brasilienmission, Marburg 1991, S. 35-89, 204-249.

112 Dickel, Die Geschichte der Allianz-Mission, S. 132.

113 Die Freunde in Deutschland, Nachruf [für Kurt Möller]; in: Christsein Heute 14, 2002, S. 22. Die Personalakte von Möller wurde nicht eingesehen. Sie unterliegt den gewöhnlichen Sperrfristen, nach denen man erst dreißig Jahre nach dem Tod die Akte des Betreffenden einsehen darf. Siehe Michael Hofferberth, Die Personalakten der rheinischen Pfarrer. Plädoyer für die Benutzung einer Aktengattung; in: Rudolf Mohr (Hrsg.), „Alles ist euer, ihr aber seid Christi". Festschrift für Dietrich Meyer, Köln 2000, S. 195-213. Auch sind die bis in die Gegenwart reichenden persönlichen und juristischen Fragen nicht Gegenstand dieser Untersuchung, sondern es geht hier lediglich um das in der Kapitelüberschrift gestellte Thema.

114 Zitiert in Kurt Möller, „Königlich frei"; in: Brasilien-Ruf Nr. 2, 1965, S. 1. Die Argumente Möllers sind wörtliche Stursberg-Zitate. Siehe Brandl, Die Neukirchener Mission, S. 106.

nicht über sie „verfügen oder bestimmen".[115] Möller schrieb diesen Aufsatz zwar erst viel später, nämlich im Jahr 1965, als es schon zum endgültigen Bruch zwischen ihm und der AMB bzw. der Bundesleitung gekommen war, jedoch waren ähnliche Gedanken bei ihm schon zuvor bestimmend gewesen. Das war auch der Grund, weswegen er nicht mit der AMB nach Brasilien ausgesandt werden wollte. Da der Bund jedoch mit der AMB in Verbindung stand und diese Verbindung ausbauen wollte, mussten sich die Möllers bei der Mission bewerben. So kam es, dass sie am 22. März 1954 in die AMB aufgenommen wurden.[116] Doch kurze Zeit später lehnte Möller plötzlich die Leitung und die Ordnungen der AMB ab. Da die Möllers aber in den Bundesgemeinden sehr beliebt waren und von dorther großen Zuspruch bekamen, wurde die „Sache Möller" zu einer Zerreißprobe für die Zusammenarbeit von Bund und Mission.

Begonnen hatte alles mit Anschuldigungen Möllers gegen den Missionsinspektor Kurt Zimmermann. Er führe die Mission diktatorisch und sei deswegen untragbar. Des Weiteren seien die Ordnungen und Grundsätze der AMB unbiblisch und entsprächen nicht der „Gemeindeschau". Auch sollten, seiner Meinung nach, leitende Missionare dem Brüderrat der Mission gleichgestellt werden.[117] Diese Anschuldigungen und Forderungen führten zu erheblichen Irritationen in den Leitungsgremien von Bund und Mission. Um eine Klärung herbeizuführen, lud man alle Beteiligten zu einer Aussprache ein. Diese Aussprache fand dann am 4. Juli 1955 in der Wohnung des Bundespflegers Albert Fuhrmann statt. Dort forderte man Möller auf, von seinen Anschuldigungen abzurücken und sich „in Demut zu beugen". Dieser lehnte jedoch jegliche Zurechtweisung der Bundesleitung ab, woraufhin die Verantwortlichen der AMB deutlich machten, dass in diesem Falle an eine Ausreise von Möller nicht zu denken sei. Einige Vertreter der Bundesseite meinten jedoch, dass man es mit Möller versuchen sollte. Der Schaden, der durch eine Nichtausreise verursacht würde, wäre ungleich größer. Man sprach in diesem Zusammenhang von dem „kleineren Übel" der Ausreise von Möllers. Die darauf folgende Abstimmung ergab 9

115 Möller, Königlich frei, S. 1.
116 Abschrift: Geschichte und Entwicklung des Verhältnisses zu Geschwister Möller 18.09.1955; in: Niederschriften und Protokolle 1955–... (Archiv der Allianz-Mission Ewersbach), S. 1.
117 Akten-Notiz über das Gespräch am 16.06.1955 mit Geschw. Möller in Lüdenscheid; in: Niederschriften und Protokolle 1955–... (Archiv der Allianz-Mission Ewersbach), S. 1-2.

Jastimmen, 2 Stimmenthaltungen und 3 Neinstimmen.[118] Doch damit hatte man die Probleme noch nicht gelöst. Kurz danach schrieb Karl Dietrich ein Rundschreiben, in dem er seine weitere Mitarbeit als Vorsitzender der AMB zur Disposition stelle, wenn Möller tatsächlich mit der AMB nach Brasilien ausreise.[119] Für diesen Fall drohten auch andere ihre Mitarbeit im Brüderrat aufzukündigen.[120] Wahrscheinlich wurde deswegen bald darauf eine Sitzung einberufen, nämlich am 23. August 1955, obwohl zu diesem Zeitpunkt das Ehepaar Möller schon ausgereist war. In dieser Sitzung kam man dann überein, dass man als AMB nicht bereit sei, Verantwortung für das Ehepaar Möller zu übernehmen.[121] Diese eigenständige Entscheidung der AMB hatte das Potenzial, die Zusammenarbeit zwischen Bundesleitung und Mission zu gefährden. Das geschah jedoch nicht, weil diese Frage selbst in den Reihen der Bundesleitung unterschiedlich beantwortet und die Jastimmen für Möllers Ausreise nicht aus Überzeugung, sondern aus der Sorge heraus gegeben wurden, die Freundeskreise Möllers im Bund

---

118 Niederschrift der gemeinsamen Sitzung des Brüderrates der Allianz-Mission-Barmen und der Leitung des Bundes Freier ev. Gemeinden am 04.07.1955 in der Wohnung von Bruder A. Fuhrmann in Solingen-Aufderhöhe; in: Niederschriften und Protokolle 1955–… (Archiv der Allianz-Mission Ewersbach), S. 1-2.

119 Dieses Rundschreiben ist in den Akten nicht auffindbar. Es muss jedoch am 6. August 1955 verfasst worden sein. Datum und Inhalt lassen sich durch einen Brief von Otto Weber an Karl Dietrich rekonstruieren. Darin äußert sich Weber dahin gehend, dass er einen Neuanfang in Brasilien nicht sehen könne. Die Möllers sollten als Freimissionare ihren Weg selbst finden. Siehe Otto Weber, Brief an Karl Dietrich 16. August 1955; in: Niederschriften und Protokolle 1955–… (Archiv der Allianz-Mission Ewersbach), S. 1.

120 Weber wollte schon seit längerer Zeit seinen Posten im Brüderrat der AMB abgeben, da er seit Langem wegen dringender anderer Aufgaben an keiner Brüderratsitzung der AMB mehr teilgenommen hatte. Siehe Otto Weber, Brief an Karl Dietrich, 14. Juli 1955; in: Niederschriften und Protokolle 1955–… (Archiv der Allianz-Mission Ewersbach), S. 1. Im Antwortbrief auf Dietrichs Rundschreiben erklärt er diesem, dass „wenn SIE den Vorsitz niederlegen, dann realisiere ich endgültig meinen lange geäusserten Wunsch, aus dem Brüderrat auszuscheiden". Siehe Weber, Brief an Karl Dietrich 16. August 1955, S. 1. Auch das Brüderratsmitglied Dr. Johannes Oesterlee werde, wenn Möllers unter Verantwortung der AMB ausreisen, „gewissenshalber" ausscheiden. Siehe Karl Dietrich, Brief an Heinz-Adolf Ritter, 6. August 1955; in: Niederschriften und Protokolle 1955–… (Archiv der Allianz-Mission Ewersbach), S. 2. Nach einem am 18. August zusammengefassten Bericht von Dietrich habe Oesterlee seine Mitarbeit im Brüderrat am Tag nach der Abstimmung aufgekündigt. Siehe Karl Dietrich, Geschichte und Entwicklung des Verhältnisses zu Geschwister Möller 1955; in: Niederschriften und Protokolle 1955–… (Archiv der Allianz-Mission Ewersbach), S. 2.

121 Ergänzung zur Niederschrift der Sitzung des Brüderrates vom 23.09.1955; in: Niederschriften und Protokolle 1955–… (Archiv der Allianz-Mission Ewersbach), S. 1.

nicht zu verstimmen. Deswegen kam es auch zu keinem Riss zwischen Bundesleitung und Mission. Aus einem Brief von Otto Weber an Karl Dietrich wird ersichtlich, dass selbst der Bundesvorsteher Karl Glebe zu den „Neinsagern" gehörte.[122] Die Meinungsverschiedenheit zog sich also quer durch die Gremien des Bundes und der Mission. Nun waren aber mit der Ausreise Möllers nach Brasilien und der Berichterstattung in den Publikationen schon Tatsachen geschaffen, die man nicht so leicht wieder rückgängig machen konnte. Infolgedessen entstand eine Zweigleisigkeit, wie sie schon mit Missionar May in Afrika bestand. Nun gab es Missionare des Bundes in der AMB und Missionare des Bundes außerhalb der AMB, die direkt von den Bundesgemeinden bzw. einem Brasilien-Ausschuss des Bundes unterhalten wurden. Diese Tendenz sollte sich fortsetzen. Die Tochter eines Lehrers der theologischen Ausbildungsstätte des Bundes, Heinrich Wiesemann, die später eine bedeutende Linguistin wurde, wollte mit den Wycliff-Bibelübersetzern auch nach Brasilien ausreisen. Da die AMB sich jedoch nicht in der Lage sah, sie unter diesen Umständen als AMB-Missionarin aufzunehmen, wurde sie an den Brasilien-Ausschuss des Bundes weitergeleitet. Im Jahr 1958 waren es dann neben den Möllers, Ursula Wiesemann und den beiden Missionsfamilien May und Borchert von der NM insgesamt sieben Missionare der Bundesgemeinden, die nicht mit der AMB ausgereist waren. Denen gegenüber standen nur fünf Missionare, die den eigentlich „rechtmäßigen" Weg mit der AMB eingeschlagen hatten.[123] Damit rückte man hinter die Vereinbarung von 1954 zurück und der Bund, ohne dass er es gewollt hätte, unterhielt plötzlich eine eigene Missionsarbeit. Zumindest der Brasilien-Ausschuss kann als eine solche gesehen werden. Auf diese Weise entstand eine „Mehrgleisigkeit" und die „Gefahr, daß sich dieser unerwünschte Zustand weiter ausbreitet, da junge Leute in den Bundesgemeinden aufs Missionsfeld wollen, jedoch erklären, nicht über die AM auszureisen, gleichzeitig aber wünschen, daß sich die Bundesgemeinden hinter sie stellen".[124] Diesem Problem musste man sich nun zuwenden. Wollte man die Mehrgleisigkeit beenden, dann musste man die Verantwortung für alle Missionare der AMB übertragen. Von 1955 bis 1959 führte man über dieses Thema Gespräche. Dabei war es dem Bund wichtig,

122 Weber, Brief an Karl Dietrich, 14. Juli 1955, S. 1.
123 Das waren die Japan-Missionare Maria Hardenberg, Walter Werner, Waltraud Dörnen, Erna Isenberg und Dankmar Hottenbacher.
124 Sondersitzung der Bundesleitung am 22.05.1958 in Ewersbach; in: Niederschriften der Bundesleitung (Bd. 1), Januar 1956 bis November 1962 (Archiv der Allianz-Mission Ewersbach), S. 104.

im Brüderrat der Mission ausreichend repräsentiert zu sein und bei der Berufung des neuen Missionsinspektors Mitspracherecht zu haben.[125] Demgegenüber solle die AMB ihren Allianz-Charakter bewahren und sich weiterhin um die (nichtfreikirchlichen) Gemeinschaftskreise in Süddeutschland, Kassel, Ostfriesland und Holstein kümmern dürfen. Die Zeitschrift der AMB *Missionsbote* solle das offizielle Missionsblatt des Bundes sein. Dort müsse nun auch über die Missionsarbeit in Brasilien berichtet werden.[126] In diesen Gesprächen wird deutlich, dass vor allem Karl Dietrich das Zusammenkommen von AMB und Bund forcierte. Der Inspektor der AMB Kurt Zimmermann hielt sich eher zurück. Den Abschluss dieser Gespräche markierte ein Bericht im „Mitteilungsblatt" des Bundes aus dem Jahr 1961. Darin wird betont, dass alle missionarischen Aufgaben des Bundes durch die AMB wahrgenommen werden sollen.[127] Der Brasilien-Ausschuss werde aufgelöst und die Betreuung für die Missionare Möller und Wiesemann voll an die AMB übergeben. Nun musste man in der AMB doch noch die Betreuung des Missionsehepaars Möller übernehmen. Schon im Jahr 1956 hatte man für sie eine Sonderregelung getroffen. Nach Gerhard Sautter hätte die AMB die verwaltungstechnische Betreuung von Ehepaar Möller übernommen, während sich der Brasilien-Ausschuss für die Missionsarbeit verantwortlich fühlte.[128] Die Akten jedoch zeigen ein differenzierteres Bild. Innerhalb der Bundes- und Missionsleitung wurden Personen bestimmt, die jegliche Angelegenheiten, die Möllers betreffen, zu regeln hatten.[129] Ob diese Regelung nach der Auflösung des Brasilien-Ausschusses noch in Kraft war, wird aus den Akten nicht ersichtlich. Die Probleme mit Möller jedoch intensivierten sich. Vehement setzte er seine Kritik an der Leitung und den Ordnungen der AMB fort und publizierte sie in seiner Zeitschrift *Brasilien-Ruf*.[130] Deswegen beschloss das leitende Gremium der AMB in einer

---

125 Verhältnis des Bundes Freier evangelischer Gemeinden zur Allianzmission am 23.2.1959, Aktenvermerk von Albert Fuhrmann, Sol. Aufderhöhe 24.3.1959, (Archiv der Allianz-Mission Ewersbach), S. 2.

126 Verhältnis des Bundes Freier evangelischer Gemeinden zur Allianzmission, S. 2.

127 Fuhrmann, Die Auslandsmission unseres Bundes. Vortrag, S. 4.

128 Gerhard Sautter / Heinz Müller, Über 30 Jahre Missionsarbeit in Brasilien; in: Missionsbote 98, 1989, S. 9.

129 Niederschrift der Sitzung des Bundesrates am 20./21.03.1956 im Gemeindehaus Kierspe; in: Niederschriften des Bundesrates 1947–1961 (Archiv der Allianz-Mission Ewersbach), S. 103.

130 Niederschrift der Sitzung der Bundesleitung am 24./25. Januar 1964 im Diakonissen-Mutterhaus „Bethanien" in Solingen-Aufderhöhe; in: Niederschriften der Bundesleitung (Bd. 1), Januar 1963 bis November 1966 (Archiv der Allianz-Mission Ewersbach), S. 377.

Sitzung am 18. Januar 1964, „daß eine weitere Zusammenarbeit zwischen Br. Möller und der Allianz-Mission nicht mehr möglich sei und auch eine zweite Ausreise nach Brasilien durch die AM nicht in Betracht kommen könne". Der Brüderrat der AMB bitte deswegen um die Meinung der Bundesleitung in dieser Sache.[131] Diese nun musste sich entweder für das Ehepaar Möller oder für die AMB entscheiden. Man entschied sich für die AMB und brach die Zusammenarbeit mit Möller ab. Dieser Beschluss wurde in einem Rundschreiben vom 27. Februar 1964 den Gemeinden mitgeteilt.[132] Damit wurden die Möllers „Freimissionare", die jedoch weiterhin in den Bundesgemeinden Unterstützung für ihre Missionsarbeit in Brasilien fanden. Diese Freiheit gestand man den Möllers zu, gleichwohl man keineswegs deren Arbeit „unterstützen noch fördern" wollte.[133]

6.6 Der Vortrag „Die Auslandsmission unseres Bundes"

Der Vortrag „Die Auslandsmission unseres Bundes" ist die erste historisch-theologische Reflexion über den Missionsauftrag des Bundes und zugleich eine Rechtfertigung dafür, dass man die AMB zum außenmissionarischen Arm des Bundes gemacht hatte. Er wurde von Albert Fuhrmann (1903–1964), einem Mitglied der Bundesleitung, auf dem Bundestag der Freien evangelischen Gemeinden am 24. Januar 1962 vor der „Arbeitsgruppe Auslandsmission unseres Bundes" gehalten.[134] Das unveröffentlichte Vortragsmanuskript ist im Archiv der Allianz-Mission einsehbar.[135] In den ersten Zeilen dieses Manuskripts wird festgestellt, dass man in der Vergangenheit als Gemeindebund dem Sendungsbefehl Jesu nicht nachgekommen sei. Nach Fuhrmann seien die Abschiedsworte Jesu in Mt 28,18-20 verpflichtend für die gesamten Gemeinden.[136] Einem individualistischen Sendungsverständnis erteilte er eine Absage.[137] Das hatte seinerzeit schon Richard Hoenen (1904–1998) in seiner Dissertation über die Entstehung der Freien

---

131 Niederschrift der Sitzung der Bundesleitung am 24./25. Januar 1964, S. 377.

132 Karl Dietrich/Hans Flick/Wilhelm Gilbert/Albert Fuhrmann, Brief an die Ältesten, Prediger und Kreisvorsteher der Ferien evangelischen Gemeinden, 27. Februar 1964 (Archiv der Allianz-Mission Ewersbach), S. 1.

133 Sachverhalt und Votum zum TOP „Kurt Möller" in der Sitzung der Bundesleitung am 18./19.01.1974 (Archiv der Allianz-Mission Ewersbach), S. 1.

134 Dickel, Die Geschichte der Allianz-Mission, S. 207.

135 Fuhrmann, Die Auslandsmission unseres Bundes. Vortrag.

136 Fuhrmann, Die Auslandsmission unseres Bundes. Vortrag, S. 1.

137 Fuhrmann, Die Auslandsmission unseres Bundes. Vortrag, S. 1.

evangelischen Gemeinden angemahnt. Es sei als anormal zu bezeichnen, wenn äußere Mission von Vereinen und nicht von Gemeinden betrieben werde. Sie dürfe nicht „Sache einzelner Privatpersonen" sein, denn dann könne man nicht mehr von sendenden Gemeinden sprechen.[138] Als Folge davon verkümmere das Gemeindeleben. Auch Fuhrmann geht in dieselbe Richtung, ohne dabei auf Hoenen zurückzugreifen.[139] Stattdessen zitiert er Walter Hermes, der ebenso den missionarischen Individualismus ablehnte.[140] Nach Hermes komme das Reich Gottes nicht durch einzelne Menschen, auch nicht durch „viele einzelne Menschen, die jeder für sich alleine stehen und ihren Weg gehen", sondern es komme durch die Gemeinde.[141] Er insistiert auf die biblische Ekklesiologie, wonach Gemeinde gabenorientiert strukturiert sei.[142] Gott benutze die Gaben bzw. Dienste zur Leitung und Unterweisung der Gemeinde sowie zu ihrem sozialdiakonischen und missionarischen Auftrag. Dem anthropozentrischen Individualismus der Erweckungsbewegung stellt Hermes ein biblisch-theozentrisches Gemeindeverständnis gegenüber. Aus dieser kurzen, jedoch theologisch dichten Reflexion ergeben sich einige wichtige Folgerungen, die zwar von Fuhrmann nicht explizit genannt, die aber durch das Hermes-Zitat impliziert werden. Gabenorientierte Rekrutierung von Missionaren und deren Aussendung ist die Aufgabe Gottes, die durch die Gemeinde(leitung) wahrgenommen werden soll. Mit anderen Worten gesprochen, kann sich keiner selbst berufen und aussenden. Dazu ist die Gemeinde nötig, die in Gottes Auftrag handelt. Hierin wird deutlich, wie Fuhrmann das Verhältnis von Missionswerk und Gemeinde deutet. Die Gemeinde beruft und sendet die Missionare, dem Missionswerk fallen lediglich die arbeitsspezifischen Aufgaben zu.

---

138 Hoenen, Die Freien evangelischen Gemeinden, S. 92.
139 Hoenens Dissertation wurde in freievangelischen Kreisen kritisch beurteilt. Nach dem Bruch mit den Verantwortlichen der Freien evangelischen Gemeinden wegen seinem vehementen Eintreten für den Nationalsozialismus wandte sich Hoenen 1934 der Landeskirche zu und war bis zu seiner Pensionierung Pfarrer in der Kirchenprovinz Sachsen, später in Viernau. Zu Richard Hoenen siehe Hans Diebel, Gott die Ehre in der Gemeinde. 125 Jahre Fr. ev. Gemeinde Bonn (1862–1887), Bonn 1987, S. 35 und Raimund Hoenen, Lebensdaten von Richard Hoenen, Manuskript (Privatsammlung des Verfassers) 2007, S. 1.
140 Fuhrmann, Die Auslandsmission unseres Bundes. Vortrag, S. 1.
141 Hermes, Hermann Heinrich Grafe und seine Zeit, S. 175.
142 Damit nahm er die ekklesiologischen Gedanken des Gründervaters Grafe auf. Grafe hatte eine gabenorientierte Gemeindeordnung vertreten. Vgl. dazu Hermann Heinrich Grafe, Der Aeltestendienst ist und bleibt eine göttliche Einrichtung für die Gemeinde (1859); in: Hermes, Hermann Heinrich Grafe und seine Zeit, S. 383-397.

Nach diesen Ausführungen stellte er in einem kurzen Abriss die geschichtliche Entwicklung zwischen AM und Bund bis 1945 dar. Als Fazit aus diesen Entwicklungen wird eine unmittelbare Missionsbeteiligung der Gemeinden gefordert.[143] Des Weiteren werden die Verhandlungen mit der NM beschrieben und die eigene Position gerechtfertigt. Man wolle nicht mit der NM, einem „Zwitter" aus „Volkskirche und Gemeinde der Gläubigen", zusammenarbeiten.[144] Deswegen habe man beschlossen, dass „die gesamten Belange des Bundes hinsichtlich der Äusseren Mission von der Allianz-Mission in Barmen wahrgenommen" werden sollen. Zum einen sei die Gemeindepraxis[145] der AMB schon von Anfang an nicht nach volkskirchlichen Prinzipien, sondern nach den Linien des Neuen Testamentes ausgerichtet gewesen. Mit diesem Hinweis spielt Fuhrmann auf die Taufauffassung der AMB an. Im Unterschied zur NM teilte man in der AMB das freievangelische Taufverständnis. Dabei geht es um die Ablehnung der Kindertaufe und um ein Eintreten für die Glaubenstaufe.[146] Die Übereinstimmung mit diesem Taufverständnis war für die Missionare nicht optional, sondern verpflichtend.[147] Zum anderen sei die „Allianzstellung" der AMB bei Weitem nicht so ausschließlich wie bei der NM.[148] Deswegen könne man in „fester Überzeugung" und in rückhaltlosem Vertrauen zusammenarbeiten.[149] Wie diese Zusammenarbeit in einzelnen Fragen gestaltet werden soll, wird nicht ausgeführt. Fuhrmann führt lediglich die Personalunion zwischen Bundesleitung und Brüderrat der AMB an. Zum Zeitpunkt dieses Vortrags war die Mehrzahl der Brüderrats-Mitglieder freievangelisch. Die personelle Verzahnung sollte gewährleisten, dass der Bund die Missionsarbeit der AMB in vollem Umfang mitverantworten könne.[150] Dabei blieben jedoch wiederum Fragen ungeklärt, weswegen es im Jahr 1975 zu einer neuen Vereinbarung zwischen Bund und Mission kam.

---

143 Fuhrmann, Die Auslandsmission unseres Bundes. Vortrag, S. 1.

144 Fuhrmann, Die Auslandsmission unseres Bundes. Vortrag, S. 3.

145 Nach Jung habe die Bundesleitung schon im Jahr 1911 erwogen, mehr mit der ACM „in Beziehung" zu treten, weil „sie nach ihren Grundsätzen uns ziemlich nahesteht". Siehe Jung, Vom Kampf der Väter, S. 137.

146 Das Komitee der Allianz-China-Mission, Grundsätze und Regeln der Allianz-China-Mission, Witten [1910] 1935, S. 7.

147 Das Komitee der Allianz-China-Mission, Grundsätze und Regeln, S. 7.

148 Fuhrmann, Die Auslandsmission unseres Bundes. Vortrag, S. 4.

149 Fuhrmann, Die Auslandsmission unseres Bundes. Vortrag, S. 5.

150 Fuhrmann, Die Auslandsmission unseres Bundes. Vortrag, S. 4.

6.7 Die Vereinbarung von 1975

Mit dem Schritt, die Zusammenarbeit mit dem Ehepaar Möller zu beenden, war ein Meilenstein in der Beziehung zwischen Mission und Bund erreicht. Diese Beziehung hatte sich in der Prüfung bewährt. Die AMB sollte nun alle außenmissionarische Arbeit des Bundes wahrnehmen. Zunehmend kamen aber Anfragen von jungen Leuten, die zwar zum Missionsdienst bereit waren, sich aber nicht nach Japan oder Brasilien berufen fühlten. Für diese Leute musste man eine neue Regelung finden, denn man wollte nun alle Missionsinteressierte an die AMB vermitteln. Mit der Missionskandidatin Renate Vetter, die nach Afrika gehen wollte, versuchte man diese neue Regelung. Sie sollte sich bei der AMB anmelden und werde dort dann als offizielle AMB-Missionarin geführt. Um ihren Missionsdienst in Afrika ausüben zu können, werde sie an die Wiedenester Mission „ausgeliehen". Diese Regelung wurde von der Bundesleitung begrüßt, werde doch damit die Einheitlichkeit der Missionsarbeit des Bundes gewahrt.[151] Um diese Praxis festzuschreiben, bedurfte es einer neuen Vereinbarung. Diese wurde am 28. August 1975 von dem Bundesvorsteher Karl-Heinz Knöppel (1928–2003), dem Missionsleiter der AMB Hans Flick und dem Bundesgeschäftsführer Heinz-Adolf Ritter verfasst.[152] Darin wird formuliert, dass Missionsinteressierte, die nicht in die von der AMB betreuten Arbeitsgebiete wollen, jedoch von den Bundesgemeinden Unterstützung erwarten, nun trotzdem von der AMB betreut werden können. Die AMB werde als „technische Anlauf- und Treuhandstelle" tätig.[153] Des Weiteren wird in dieser Vereinbarung auf die Grenzen der Möglichkeiten und Ressourcen des Bundes hingewiesen. Interessant jedoch sind die vorangestellten Grundsatzüberlegungen. Darin wird festgehalten, dass die AMB Missionare aus Freien evangelischen Gemeinden für den Missionsdienst auszubilden, auszusenden und zu betreuen habe. Darüber hinaus habe man das Ziel, dass in den betreffenden Missionsgebieten selbstständige und missionarische Gemeinden von Glaubenden entstehen. Damit übertrug man der AMB weit mehr Verantwortung, als dies durch die bisher geführten Diskussionen in den

---

151 Niederschrift der Bundesleitung am 20. Juli 1962 in Siegen; in: Niederschriften der Bundesleitung (Bd. 1), Januar 1963 bis November 1966 (Archiv der Allianz-Mission Ewersbach), S. 412.

152 Bericht über die Sitzung der Missionsleitung am 01.09.1975 in Siegen; in: Niederschriften und Protokolle 1955-… (Archiv der Allianz-Mission Ewersbach), S. 1.

153 Vereinbarung zwischen dem Bund Freier evangelischer Gemeinden und der Allianz-Mission-Barmen; in: Schmidt, … bis an das Ende der Erde, S. 11.

Sitzungen deutlich wurde. Missionsarbeit wurde nun an eine Missionsgesellschaft delegiert. Heinz Müller, der von 1982–1999 Missionsleiter der AM war, sieht darin die Gefahr, dass Gemeinden durch das Wissen: „Wir haben ja eine Missionsgesellschaft", in ihrem Missionsengagement gehemmt werden könnten. Die Missionsverantwortung müsse deswegen im Bund stetig wachgehalten und dürfe nicht an eine Missionsgesellschaft wegdelegiert werden.[154]

Mit dieser Vereinbarung hatte ein jahrzehntelanger Prozess seinen Abschluss gefunden. Der Missionsleiter Hans Flick konnte sich in einem Interview mit Hans-Jürgen Schmidt dahin gehend äußern, dass der Name „Allianz-Mission" keine Berechtigung mehr habe.[155] Man behielte ihn lediglich aus Gewohnheit, denn die AMB nehme alle außenmissionarischen Aufgaben des Bundes wahr und sei nun ein „rechtlich selbständiges" Bundeswerk. Klaus Fiedler[156] bemerkt zur Denominationalisierung der AM, und darin folgt er Schmidt, dass schon im Jahre 1975 90 % aller finanziellen Mittel für die Missionsarbeit der AMB von Freien evangelischen Gemeinden aufgebracht wurden.[157] Damit war aus einer interdenominationellen Glaubensmission eine denominationelle Gemeindemission geworden.

---

154 Müller, Mission und Gemeinde, S. 14.
155 Flick interviewt von Schmidt in: Schmidt, ... bis an das Ende der Erde, S. 10.
156 Fiedler, Glaubensmissionen, S. 542.
157 Schmidt, ... bis an das Ende der Erde, S. 74.

7. Das Gemeindeverständnis der Allianz-Mission

7.1 Das Gemeindeverständnis Carl Polnicks: „Allianz"-Christentum

In diesem Abschnitt soll Carl Polnicks Gemeindeverständnis dargestellt werden. Da aber Polnick ein glühender Anhänger der Heiligungsbewegung war[1], dem es zeit seines Lebens nie um denominationelle, konfessionelle oder ekklesiologische Gesichtspunkte ging, ist es außerordentlich schwierig, sein Gemeindeverständnis darzustellen. Darüber hinaus war Polnick auch kein akademisch gebildeter Theologe. Deswegen wird nun im Folgenden anhand biografischer Details und den wenigen veröffentlichten Ansprachen und sonstigen Äußerungen Polnicks sowie aus den Informationen über den Polnick-Kreis versucht, sein Gemeindeverständnis zu skizzieren.

Im Jahr 1885 siedelte Polnick aus beruflichen Gründen nach Wuppertal-Barmen über, wo er Fredrik Franson kennenlernte. Angeregt durch Fransons Enthusiasmus gründete Polnick interdenominationell ausgerichtete, christliche Vereine. Das war im ausgehenden 19. Jahrhundert nichts Außergewöhnliches. Auffällig jedoch ist Polnicks Desinteresse an den etablierten Kirchen und Gemeinden. Es ist zwar sehr wahrscheinlich, dass Polnick getauftes Mitglied der evangelischen Volkskirche war, was für ihn jedoch keinerlei Bedeutung hatte. Christliche Gemeinschaft und Spiritualität konnte er in den von ihm gegründeten Vereinen leben. Neben dem Allianz-Missions-Verein gründete er den Blaukreuz-Verein in Barmen. Dort gab es Gebets- bzw. Missionsstunden, in denen eine von der Heiligungsbewegung beeinflusste Frömmigkeit gepflegt wurde. Nie ging es ihm um ekklesiologische Themen wie Taufe, Herrnmahl oder Ämter- und Gemeindeordnungen. Auch fehlen diese Themen in den historischen Quellen zur Frühgeschichte der Allianz-Mission völlig. Der „Kreis", der sich um Polnick sammelte, stellte eine Gemeindeform dar, die zwar Ähnlichkeiten zu anderen Gemeinschaften aufwies, jedoch nicht zum Gnadauer Gemeinschaftsverband gehörte. Es ist anzunehmen, dass man in ekklesiologischen Fragen ähnlich dachte wie in den Gemeinschaften der Gemeinschaftsbewegung auch. Gemeinschaftliches Leben und Frömmigkeit gestaltete man selbst, während man die Kasualien von den Herkunftskirchen erwartete

---

1 Holthaus, Heiligungsbewegung, S. 244.

und in Anspruch nahm. Die Beerdigungsfeier Polnicks gibt einen kleinen Einblick in das gemeindliche Leben dieses „Kreises" und zeigt seine beginnende ekklesiologische Profilierung. Dies wird darin deutlich, dass die Beerdigungsfeier nicht in kirchlichen Räumen, sondern im Versammlungssaal des Missionshauses der ACM stattfand.[2] Dabei achtete man darauf, den Allianzcharakter zu wahren, indem alle kirchlichen Vertreter, die mit dem Verstorbenen bzw. mit der ACM in Verbindung standen, Gelegenheit bekamen, eine kurze Ansprache zu halten. Auf dem Friedhof sprach dann der reformierte Pastor Hermann Krafft. Aufschlussreich sind die Bemerkungen des Schriftleiters des CB, der expressis verbis erwähnt, dass Krafft als „Freund und Bruder der Familie" am Grab sprach und dabei kein „Amtskleid" trug.[3] Hierin zeigt sich, dass es sich um keine offizielle Beerdigung der reformierten Gemeinde Barmen-Gemarke handelte, zu der man anscheinend in enger Beziehung stand. Der „Missionskreis" war eine Gemeinschaft, in der Mitglieder verschiedener Gemeinden ihre Frömmigkeit lebten, ohne dabei ihre ursprüngliche Gemeindezugehörigkeit aufzugeben. Nach Jörg Ohlemacher hatte die Gemeinschaftsbewegung seit ihren Anfängen unterschiedliche Anschauungen im Gemeindeverständnis.[4] Es schwankte zwischen einem freikirchlichen und einem volkskirchlichen Verständnis. So wird es auch in Polnicks Kreis gewesen sein. Es gibt jedoch Hinweise, dass dieser Kreis sich schon früh in eine freikirchliche Richtung entwickelte. Zum einen hielt man jeden Sonntagmorgen um 8:00 Uhr Gebetsversammlungen ab[5], was man als Konkurrenz zu den Gottesdiensten der Kirchen auffassen konnte. Zum anderen stand das für die Missionare der ACM geforderte Taufverständnis der „Glaubenstaufe" im Gegensatz zur volkskirchlichen Theologie und Praxis. Es ist zu vermuten, dass Karl Engler freikirchliche (und täuferische) Gedanken in diesen „Kreis" hineintrug. Engler war es auch, der den Austritt der Gemeinschaftsbewegung aus der bestehenden Kirche forderte und vehement für ein freikirchliches Gemeindemodell eintrat.[6] Genau genommen unterschied Engler zwischen „Freikirche" und „freier Gemeinde". Dabei versteht er Freikirche als einen Zusammenschluss mehrerer Gemeinden zu einer Denomination, während die „freie Gemeinde" eine völlig unabhängige Ortsgemeinde ist.[7] Es scheint,

---

2 Anonym, Von Bruder Polnicks Heimgang; in: China-Bote 27, 1919, S. 35.
3 Anonym, Von Bruder Polnicks Heimgang, S. 36.
4 Jörg Ohlemacher, Gemeinschaftsbewegung; in: ELThG 2 II, Sp. 729.
5 Die Zeiten sind abgedruckt in Taylor, Die blaue Schnur, S. 135.
6 Lange, Eine Bewegung bricht sich Bahn, S. 230.
7 Karl Engler, Freikirche oder freie Gemeinde; in: Auf der Warte 21, 1920, S. 11-21.

dass sich der Polnick-Kreis als eine solche verstand. Darauf weist die Bemerkung Albert Hoffmanns hin, „dass sich in Barmen unter der Führung des Seifenfabrikanten Polnick ein neuer Zweig der Freien Gemeinde auftat, der sich der englischen China-Inland-Mission anschloß und einen deutschen Zweig dieser Mission bildete".[8] Auch Polnicks Beerdigungsfeier deutet auf eine sich zu einer Freikirche entwickelnden Gemeindeform hin. Später dann fusionierte Polnicks „Missionsgemeinde" mit der Freien evangelischen Gemeinde in Barmen-Unterdörnen.

Liest man Polnicks Schriften, dann wird sofort deutlich, dass es ihm besonders um die Rettung der „Verlorenen" ging. In seinen Ansprachen an den Allianz-Konferenzen in Blankenburg rief er zur missionarischen Aktion auf.[9] Dabei ist Polnicks missionarischer Eifer vor allem von der Erwartung der bald bevorstehenden Wiederkunft Christi motiviert. Man müsse – so Polnick 1893 – die Wiederkunft Christi mit aller Kraft erwarten und beschleunigen.[10] Hinweise auf das Ende gebe es viele.[11] Jedoch muss man an dieser Stelle bemerken, dass Eschatologie für Polnick nie spekulative, sondern immer angewandte Eschatologie war.[12] Das Wissen um die baldige Wiederkunft Christi führe zur Missionstat. In einem Beiwort zur Spendenliste des Jahres 1890 schreibt er Folgendes: „Doch die Zeichen der Zeit mehren sich so, dass unser Herr und unsere Erlösung nahe ist, dass jeder Einzelne sich wohl ernstlicher als bisher fragen darf, ob er seine Zeit, seine Gaben, sein Vermögen nicht besser als bisher für unseren Herrn und

---

8 Albert Hoffmann, Lebenserinnerungen eines Rheinischen Missionars, Bd. 1, Wuppertal-Barmen 1948, S. 81. „Freie Gemeinde" kann aber auch Freie evangelische Gemeinde bedeuten. Im Sprachgebrauch wird dies bis heute nicht differenziert.

9 Carl Polnick, China-Allianz-Mission; in: Reden und Ansprachen der zwanzigsten Allianz-Konferenz zur Vertiefung des Glaubenslebens, Blankenburg 1905, S. 188-191; Carl Polnick, China-Inland-Mission (Barmer Zweig); in: Reden und Ansprachen der einundzwanzigsten Allianz-Konferenz zur Vertiefung des Glaubenslebens, Blankenburg 1906, S. 119-121 und Carl Polnick, Liebe Geschwister; in: Reden und Ansprachen der fünfundzwanzigsten Allianz-Konferenz zur Vertiefung des Glaubenslebens, Blankenburg 1910, S. 63-64.

10 Carl Polnick, Gabenverzeichnis; in: China-Bote 2, 1893, S. 16.

11 Karl Paas / Karl Polnick, Am Bord des Dampfers Sachsen auf der Reise von Genua nach Port Said; in: Abschrift der „Nachrichten über die Allianz-China-Mission, veröffentlicht in den Jahrgängen 7-9 (1890–1892) des Gemeinschaftsblattes Emden, 25-29", (Archiv der Allianz-Mission) 1890, S. 29; Carl Polnick, Gabenverzeichnis; in: China-Bote 13, 1905, S. 127-128 und Carl Polnick, Jauchzet alle, die ihr Sein Volk seid!; in: China-Bote 24, 1916, S. 128.

12 Damit stand er nicht alleine. Andere Führer von Glaubensmissionen teilten diese „angewandte Eschatologie". Siehe Fiedler, Glaubensmissionen, S. 366-367.

König Jesus verwerten kann."[13] Polnick ging es um das Heil der Menschen und diesem Anliegen müsse alles andere untergeordnet werden. Sobald die Menschen dieses Heil gefunden haben, gehören sie zum weltweiten Leib Christi. Die Frage nach den Konfessionen und Denominationen sei irrelevant. Wichtig allein sei die Einheit der Glaubenden über Konfessionsgrenzen hinweg. Stets betonte er diese Einheit aller Kinder Gottes und fordert dazu auf, einander zu lieben.[14] Organisatorisch sah er diesen Gedanken in den Allianz-Konferenzen in Blankenburg verwirklicht. Dort traf er Gesinnungsgenossen, die seine Position teilten, und dort rief er auch zur missionarischen Aktion auf. Deswegen kann man sagen, dass wahre Gemeinde für Polnick nur dort ist, wo Glaubende zusammentreffen, wie z.B. in seinem Missionskreis oder an der Blankenburger Allianz-Konferenz. Verfolgt man nun diese von Polnick gelebten und geäußerten Gedanken weiter, dann ergibt sich folgendes Bild: Träger der Mission sind nicht Denominationen oder institutionell verfasste Ortsgemeinden, vielmehr sind es die Glaubenden aus den verschiedenen Denominationen, die sich in interdenominationellen Vereinen oder Allianzkreisen zusammengefunden haben.

7.2 Das Gemeindeverständnis Fredrik Fransons: Die eschatologische Schar der Missionierenden

Fredrik Franson wurde 1852 in Pershyttan, im ländlichen Mittelschweden, geboren. Er wanderte als Jugendlicher mit seiner Familie nach Nebraska in die Vereinigten Staaten von Amerika aus.[15] Als 20-Jähriger bekehrte er sich und schloss sich durch Glaubenstaufe 1874 einer schwedischen Baptistengemeinde an. In den folgenden Jahren muss es bei Franson zu einem Wechsel von einem baptistischen zu einem interdenominationellen Gemeindeverständnis gekommen sein. Jedenfalls wechselte er im Jahr 1878 zu Dwight Lymen Moodys unabhängiger und interdenominationell ausgerichteter Chicago Avenue Church, deren Mitglied er zeitlebens blieb. Diese Gemeinde sandte ihn als Evangelist aus und ermöglichte ihm

---

13 Carl Polnick, Gabenverzeichnis; in: Abschrift der „Nachrichten über die Allianz-China-Mission" (1890), S. 11.

14 Das Komitee, So der Herr will ...; in: Abschrift der „Nachrichten über die Allianz-China-Mission" (1891), S. 69 und Carl Polnick, Gabenverzeichnis; in: China-Bote 13, 1905, S. 80.

15 Die biografischen Angaben sind den Darstellungen von Daniel Heinz, Franson, Frederik; in: BBKL Bd. 27, Sp. 399-404 und Edvard Torjesen, Fredrik Franson (1952–1908); in: Evangelikale Missiologie 4, 1988, S. 55-56 entnommen.

seine Reise nach Europa. In Europa angelangt, begann er ausgedehnte Evangelisationsreisen. Während seines Besuches bei wichtigen Vertretern der Heiligungsbewegung in England und seiner Evangelisationstätigkeit in Deutschland, in der Schweiz, in Frankreich, Italien, Palästina, Armenien und Südrussland wurde seine weltmissionarische Vision klarer, wonach alle, die nicht an Christus glaubten, sei es in christlichen oder in nichtchristlichen Ländern, mit dem Evangelium erreicht werden müssten. Hinzu kam Hudson Taylors Aufruf zur Missionierung Chinas. Als Folge davon versuchte er, Christen für diese Aufgabe zu mobilisieren, und gab entscheidend Anstoß zur Gründung von interdenominationell ausgerichteten China-Missionen. Auf seiner langen Asienreise (1892–1895) besuchte er China und ermutigte die Missionare dort. Danach brach er zu einer erneuten Weltreise auf, die ihn durch alle Kontinente führte. Nach Beendigung dieser Reise starb Fransons 1908 in Idaho, Colorado/USA.

Das Gemeindeverständnis von Fredrik Franson wurde schon umfassend von dem Franson-Forscher Edvard Torjesen beschrieben.[16] Nach Torjesen geht es in Fransons Ekklesiologie vor allem um die Abwehr denominationalistischer Tendenzen in den Kirchen Nordamerikas.[17] Schon zu Beginn seines Wirkens widmete Franson diesem Thema seine Aufmerksamkeit, indem er den Artikel „A Contribution to the Solution of the Complicated Denominational and Local Church Question" veröffentlichte. Gegenüber den denominationalistischen Tendenzen plädierte er für ein kongregationalistisches Gemeindeverständnis, nach dem „the whole executive power lay in the hands of the individual local congregations and not in the hands of a denomination, synod, or conference".[18] Vor allem die übergemeindlichen Beziehungen der „Local Church" in Mission und Evangelisation waren Franson wichtig. Diesen übergemeindlichen Beziehungen müsse man denominationalistische Gesichtspunkte unterordnen.[19] Genau genommen ging es Franson um die „responsibilities of the local believers in the

---

16 Torjesen, The Doctrine of the Church in the Life and Work of Fredrik Franson, Wheaton, Illinois 1977.

17 Torjesen, The Doctrine of the Church in the Life and Work of Fredrik Franson, S. 7-8 und Edvard P. Torjesen, Fredrik Franson: A Model for worldwide Evangelism, Pasadena 1983, S. 23.

18 Torjesen, The Doctrine of the Church in the Life and Work of Fredrik Franson, S. 9.

19 In einem von Werner Schnepper übersetzten Lebensbild über Franson heißt es, dass er in ekklesiologischen Fragen sehr weitherzig dachte. So konnte er, obwohl er freikirchlich orientiert war, auch mit Christen zusammenarbeiten, „die auf die Kindertaufe hielten". Siehe anonym, Zwei norwegische Lebensbilder; in: Der Gärtner 40, 1932, S. 108-109.

evangelist's target area".[20] Es ist nicht die Gemeinde, die ihrem missionarischen Auftrag nachzukommen habe, sondern der einzelne Glaubende. Diese individuelle Zuspitzung auf den einzelnen Glaubenden zeigt, dass Mission nur insofern von der Gemeinde getragen wird, wie sie durch die „local believers" repräsentiert ist. Ansonsten kommt der Gemeinde in ihrer Gesamtheit und der Gemeindeleitung wenig Bedeutung zu. Nach Torjesen legte Franson großen Wert darauf, dass das so wichtige Miteinander von Mission, Heimatgemeinde und Missionaren auch in der Arbeitsweise und Organisation der Mission angemessen berücksichtigt würde.[21] Torjesen weist an der Gründung der Skandinavischen Allianz-Mission von Nordamerika (heute TEAM) nach, dass es Franson um ein integratives Miteinander von Mission und Heimatgemeinde ging. Diese Mission war als Verein organisiert, zu dem alle unterstützenden Gemeinden gehörten. In den jährlichen Mitgliederversammlungen wurde der Vorstand basisdemokratisch gewählt.[22] Als neutestamentliche Begründung führt Franson aus, dass erstens die neutestamentlichen Ortsgemeinden Evangelisten aussandten, die beständig Kontakt zu ihren Heimatgemeinden hielten. Genau genommen stellte der Apostel Paulus übergemeindliche (interchurch) und interkulturelle Evangelisationsteams zusammen, die umherziehend das Evangelium verkündigten. Zweitens blieben diese Teams immer mit ihren Heimatgemeinden in Kontakt. Drittens verwalteten sich diese Teams organisatorisch selbst (self-managing) und waren dabei keiner Gemeindeordnung oder Kirchenleitung unterstellt.[23]

Davon abgesehen kommt in Fransons theologischem Koordinatensystem der Ekklesiologie eine eher untergeordnete Stellung zu. Wichtiger war ihm die Eschatologie. Hier ist der Ort, um näher auf Fransons Eschatologie einzugehen, um zu zeigen, wie eschatologische Konzepte auf seine Ekklesiologie einwirkten. In der Fransonforschung hat man mit Nachdruck auf Fransons Prämillenniarismus und der daraus resultierende Naherwartung

---

20 Torjesen, The Doctrine of the Church in the Life and Work of Fredrik Franson, S. 7-8 und Edvard Torjesen, Fredrik Franson the man. Unpublished papers of the fourth Consultation of Organization with a Franson Heritage, Wheaton 1987 (Archiv der Allianz-Mission Ewersbach), S. 10.
21 Torjesen, Fredrik Franson the man, S. 10.
22 Edvard Torjesen, Fredrik Franson. Der Mitgründer der Schweizer Allianz-Mission setzt auch heute Maßstäbe; in: 100 Jahre Schweizer Allianz-Mission, S. 10.
23 Torjesen, Fredrik Franson the man, S. 12.

hingewiesen.[24] Das ist richtig, denn Franson lebte in baldiger Erwartung der Parusie Christi, die sich in der Entrückung der Glaubenden ereignen werde. In seinem Buch „Die Himmelsuhr oder Das prophetische Wort", das in deutscher Sprache im Verlag der DCAM erschienen ist, versuchte er die Parusie zu datieren.[25] Diese Datierung wollte er jedoch nicht als apodiktisches Dogma verstanden wissen.[26] Dennoch trieb ihn das Wissen um die baldige Parusie zur rastlosen Mission in allen Erdteilen an.[27] Es ist jedoch nicht ausgeschlossen, dass Franson neben der eschatologischen Naherwartung auch von anderen Motiven zu den weltmissionarischen Reisen getrieben wurde. Man bedenke, dass im ausgehenden neunzehnten Jahrhundert viele Entdeckungs- und Forschungsreisen in fremde Länder unternommen wurden. So führten auch seine Reisen ihn oft in entlegene Gebiete, von denen er – wie sein Reisebericht zeigt – zweifelsfrei fasziniert war.[28] Ein anderes Motiv könnte die Tendenz zu einem dualistischen Antagonismus sein, der ihn zu höchsten Leistungen antrieb. Demzufolge seien die Christen Kämpfer Gottes gegen den Satan und seine Heerscharen. Dabei stehen den „Kindern Gottes" in diesem Kampf nur „der Glaube" und die „Aufopferung" zur Verfügung.[29]

Franson war ein überzeugter Dispensationalist. In seiner dispensationalistischen Eschatologie spielen Zeitabschnitte eine besondere Bedeutung. Der gegenwärtige Zeitabschnitt sei die Zeit der Heiden. Dieser Zeitabschnitt würde durch die Entrückung und somit durch die erste Parusie Christi beendet. Darauf folge die Trübsalszeit und die zweite Parusie Christi in Macht und Herrlichkeit. Mit dem Millennium und dem Endgericht

---

24 Edvard Torjesen, In the Expectation of Christ's Return: A Study of Premillenialism in the Perspective of Church History and the Writings of Fredrik Franson, Ewersbach 1983 (Archiv der Allianz-Mission Ewersbach), S. 25; Torjesen, Fredrik Franson the man, S. 8-9; Robert Dillon, The Franson Legacy Today; in: 5th Franson missiological Consultation, Karuizawa, Japan 1999, S. 56 und Werner Schnepper, Fredrik Franson; in: Zimmermann, Fünfzig Jahre Allianz China-Mission, S. 32.

25 Fredrik Franson, Die Himmelsuhr oder Das prophetische Wort, Barmen 1910.

26 Für Franson war die Verheißung der Wiederkunft Christi keine dogmatische Lehre, sondern lebendige Erwartung. Diese Erwartung führte zu einer angewandten Eschatologie. Vgl. dazu Torjesen, In the Expectation of Christ's Return, S. 21-22.

27 Torjesen, Fredrik Franson the man, S. 9. Schon im Nachruf für Franson wird dieser Zusammenhang gesehen. Siehe Anonym, F. Franson †; in: China-Bote 16, 1908, S. 178.

28 Fredrik Franson, F. Franson's Reise um die Welt 1892–1895, Barmen 1896.

29 Fredrik Franson, Brief von Missionar F. Franson an die Leser des „China Boten"; in: China-Bote 2, 1893, S. 14; Franson, Reise um die Welt, S. 20 und Fredrik Franson, Winke für Bekehrte, wie sie bewahrt werden können, Neumünster o.J., S. 2.

schließt er sein dispensationalistisches System ab.[30] Diese Sicht teilte er mit vielen evangelikalen Zeitgenossen. Jedoch gibt es eine spezielle Lehre, die er nach dem Beitrag von Werner Schnepper 1881 auf einer Konferenz in Chicago vertreten haben soll.[31] Der zufolge gebe es das besondere „Evangelium des Paulus von den letzten Zeiten". Dieses Evangelium ziele zunächst einmal darauf ab, die Gemeinde Christi zu sammeln. Man dürfe dieses jedoch nicht mit dem „Evangelium des Reiches" verwechseln, welches in Matthäus 24 beschrieben sei. Denn erst wenn die Gemeinde Christi in ihrer Vollzahl gesammelt sei, erscheine Christus, um sein Reich aufzurichten, in dem dann die eigentliche Mission der Völker beginne.[32] Merkwürdigweise wird diese von Schnepper dargestellte Lehre in Torjesens Forschungen nicht erwähnt. Zwar schreibt auch Torjesen, dass für Franson die Zeit „der Heiden bzw. die Zeit der Gemeinde" der Abschnitt ist, in der alle Völker gesammelt werden müssen, bis ihre Vollzahl nach Röm 11,25 erreicht sei.[33] Die spezielle Lehre des „Evangeliums von Paulus" nennt Torjesen jedoch nicht. Das verwundert, denn diese Lehre führt unweigerlich zu einer Abwertung der Ekklesiologie, worauf er hätte hinweisen müssen. August Jung vermutet in diesem Zusammenhang, dass Werner Schnepper, der schwedisch, finnisch und russisch sprach und zudem in regem Austausch mit freikirchlichen Kreisen Skandinaviens und des Baltikums stand[34], gut mit den skandinavischen Quellen über Franson vertraut sein musste.[35] Deswegen ist die Annahme berechtigt, dass Schnepper diese Lehre Fransons korrekt wiedergegeben haben muss. Es bleibt aber die Frage, warum Torjesen nicht auf diese Lehre einging, obwohl er Schneppers Beitrag in seiner Dissertation auswertete.[36] Hier muss man auf die besonderen Schwierigkeiten der Franson-Forschung hinweisen. Fransons theologische und missiologische Beiträge sind nämlich in vielen kleineren weit verstreuten Publikationen erschienen. Überdies sind sie in verschiedenen Sprachen verfasst.[37]

---

30 Torjesen, In the Expectation of Christ's Return, S. 24-35.

31 Schnepper, Fredrik Franson, S. 32. Wahrscheinlich handelte es sich um die Chicago Prophetic Conference von 1881.

32 Schnepper, Fredrik Franson, S. 32.

33 Torjesen, Fredrik Franson the man, S. 9 und Torjesen, In the Expectation of Christ's Return, S. 24.

34 Hartmut Weyel, Ein Prediger der Gnade Gottes; in: Christsein Heute 5, 2005, S. 46.

35 Jung, Vom Kampf der Väter, S. 80.

36 Edvard Torjesen, A Study of Fredrik Franson: The Development and Impact of his Ecclesiology, Missiology and worldwide Evangelism, Pt 1-2. Ann Arbor, Michigan/USA, University Microfilms International 1984, S. 484.

37 Torjesen musste, um die Schriften Fransons auswerten zu können, auf 10 verschiedene Sprachen zurückgreifen. Vgl. dazu Torjesen, Fredrik Franson the man, S. 3.

Dieser Umstand erschwert die Forschung ungemein. Dazu kommt noch, dass es – speziell in seinen eschatologischen Schriften – verschiedene Brüche und Veränderungen in den Auflagen seiner Bücher gegeben hat.[38] Als letzter erschwerender Umstand muss zudem beklagt werden, dass die Franson-Forschung wesentlich auf Torjesen beschränkt geblieben ist, der zwar umfangreich zu Fransons Theologie und Missiologie gearbeitet hat[39], die Eschatologie Fransons jedoch nur auf 24 Seiten seiner Schrift „In the Expectation of Christ's Return" abhandelte.[40] Deswegen lässt sich die Bedeutung dieser speziellen Lehre in Fransons Schriften nicht klären. Es scheint aber, dass sie nicht ins Zentrum seiner Eschatologie gehört und sie zudem von Fransons späteren Anschauungen abweicht. Bemerkenswert ist diese Lehre für diese Arbeit aber deswegen, weil sie in den Schriften der AM wiederholt auftaucht.[41] Am deutlichsten wird sie von Hans Schürch rezipiert. Schürch war Missionssekretär des Schweizer Zweiges der AM und Prediger der Freien evangelischen Gemeinde in Ennenda/Schweiz. In seinem kurzen Leitartikel „Das Evangelium in der ganzen Welt" nimmt er diese Lehre pointiert auf. Nach Schürch sei die gegenwärtige Zeit die der „Herausrufung der Gemeinde Jesu Christi" aus den Völkern.[42] Diese Gemeinde sei die „Erstlingsschar", die aus den Heidenvölkern herausgerufen werden müsse, bis die „Vollzahl der Heiden" eingegangen sei. Erst dann könne Christus wiederkommen. Im Millennium dann werde die Zeit der Völkerbekehrung anbrechen.[43] Die Assoziationen an Johann Tobias Becks

---

38 Holthaus, Fundamentalismus, S. 431.

39 Torjesen, The Doctrine of the Church in the Life and Work of Fredrik Franson; Edvard Torjesen, Fredrik Franson after 100 Years: A Memorial. Prepared for the Consultation of Organizations with a Franson Heritages, Jönköping/Sweden, May 27-30 1981, Wheaton 1981 (Archiv der Allianz-Mission Ewersbach); Torjesen, Fredrik Franson: A Model for worldwide Evangelism; Torjesen, A Study of Fredrik Franson; Torjesen, Fredrik Franson the man, und Edvard Torjesen, Fredrik Franson in historical perspective; in: The 5th Fredrik Franson missiological Consultation, S. 41-51.

40 Nach Robert Vajko rege die eschatologische Missionsmotivation Fransons zu weiteren Diskussionen und Untersuchungen an. Siehe Robert J. Vajko, Response to E. Torjensen's Monograph "The Missiological Ministry of Fredrik Franson", unpublished response papers on the distinctives of Fredrik Franson's missiological ministry, Oslo 1985 (Archiv der Allianz-Mission Ewersbach), S. 2.

41 Anonym, Das Jahresfest; in: China-Bote 15, 1907, S. 180-182; Karl Engler, Das Tausendjährige Reich, S. 109; Schnepper, Fredrik Franson, S. 39; Heinrich Schürch, Das Evangelium in der ganzen Welt; in: China-Bote 45, 1937, S. 18-19 und ansatzweise bei Wilhelm Meili, Gedanken eines Missionars an eine Missionsgemeinde; in: China-Bote 21, 1913, S. 82-83.

42 Schürch, Das Evangelium in der ganzen Welt, S. 19.

43 Schürch, Das Evangelium in der ganzen Welt, S. 19.

(1804–1878) Theorie von der universalen „Reichspredigt" im Millennium[44] sind offensichtlich. Auch benutzt Schürch den Terminus „Erstlingsfrucht", der theologiegeschichtlich schon von Nikolaus Ludwig Graf von Zinzendorf vorgeformt war. Zinzendorf ging es lediglich um die Sammlung der „Erstlingsfrucht". Von Kirchengründung wollte er nichts wissen, denn es dürfe nicht darum gehen, „die Heiden wieder zu Sektierern (gemeint sind die Angehörigen der Konfessionskirchen) zu machen".[45] In diesem kurzen Beitrag wird deutlich, wie Schürch das Ziel der Mission definiert. Ziel der Mission ist für ihn nicht das zukünftige Reich Gottes, sondern die Gemeinde Jesu Christi in ihrer Vollzahl. Genau genommen ist sie in dieser eschatologischen Argumentation jedoch „nur" Bedingung für die Parusie Christi. Doch ist Gemeinde nicht mehr? Die gleiche Frage muss man Franson stellen, denn mit seiner Fokussierung auf die Sammlung der „Vollzahl aus den Heiden"[46] wird die Ekklesiologie tendenziell abgewertet. In seinem Reisebericht von 1896 schreibt Franson beispielsweise, „daß der Herr in seiner Brautgemeinde Repräsentanten aus allen Völkern und Sprachen habe" „und dass die Zeit anbrechen wird, da die ganze Erde der Erkenntnis des Herrn voll sein" „und alle Nationen den Herrn kennen" werden.[47] Die Analogie zwischen Franson und Schürch ist unverkennbar. Die Repräsentanten aus allen Völkern sind lediglich die „Erstlinge", während in der Zukunft eine Zeit anbrechen werde (vielleicht das Millennium), in der dann alle Nationen zum Heil finden. Fasst man nun die Sicht dieser Dinge zusammen, dann muss man sagen, dass es Franson mehr um die missionarische Sammlung der Gemeinde als um die Gemeinde der Versammelten ging. Mit anderen Worten ging es Franson mehr um Missiologie als um Ekklesiologie. Das wird auch deutlich, wenn Franson von der Gemeinde als von der Braut Christi spricht. Nach Franson gehe die Braut der Vereinigung mit ihrem Bräutigam Christus entgegen. Auch dabei waren Überlegungen, wie die Braut ist oder sein sollte, für Franson

---

44 Helmut Burkhardt, Johann Tobias Beck und die Mission; in: ThBeitr 36, 2005, S. 313.

45 Zimmerling, Pioniere der Mission im älteren Pietismus, S. 35.

46 Franson, Reise um die Welt, S. 161 und Fredrik Franson, Die Keswick-Konferenz in Södertelje, Schweden; in: China-Bote 9, 1901, S. 63.

47 Franson, Reise um die Welt, S. 31. Auch in einem evangelistischen Traktat, das sich an Juden richtet, wird dies deutlich: „Er [Christus] wird bald wiederkommen und seine durchgrabenen Hände segnend ausbreiten, zuerst über seine Braut. (Die Einzelnen aus Israel und den anderen Nationen, die sich jetzt zu ihm bekennen.) Und dann weiter über Israel als einer Nation und durch sie über alle Völker der Erde." Siehe F[redrik] Franson, Die edlen Söhne Zions und ihr Messias nach der Tora und den Propheten, Emden o.J., S. 12-13.

peripher. Wichtiger für ihn war das Ziel, die Vereinigung der Braut (der Gemeinde) mit ihrem Bräutigam (Christus) bei der Entrückung. Das heißt, die Eschatologie Fransons reduzierte seine Ekklesiologie auf ein Minimum. Dies zeigt sich auch in Fransons Dringlichkeitseschatologie[48], die entweder die Parusie jeden Augenblick oder in nächster zeitlicher Nähe erwartete. Denn wenn die Parusie zeitlich so nahe gesehen wird oder sie sich in jedem Moment ereignen kann, dann können Gemeindefragen nur noch eine geringe Rolle spielen. Statt um Gemeinde ging es ihm um Mission, denn diese Dringlichkeitseschatologie regte ihn zur missionarischen Eile an. Davon gibt seine unermüdliche, lebenslange Hast durch alle Erdteile ein eindrückliches Zeugnis.[49] Auch Fransons Missions- und Evangelisationsmethoden[50] sowie seine Rekrutierung von Missionaren[51] weisen in diese Richtung. Sie waren von einer drängenden Grundhaltung geprägt, da die Zeit sehr schnell „der Wiederkunft Christi" entgegenlaufe.[52] Darum gelte es, vorwärtszueilen, bis der Herr komme.[53]

Fasst man nun diese Sicht Fransons zusammen, dann ergibt sich folgendes Bild: Die denominationellen Streitereien seien kontraproduktiv für das Ziel, Menschen für Christus zu gewinnen. Deswegen plädierte er für eine

---

48 Torjesen, Fredrik Franson the man, S. 9.

49 Torjesen zeichnet in seiner monumentalen Dissertation die Reisen Fransons geschichtlich nach. Siehe Torjesen, A Study of Fredrik Franson, 1. Bd. und 2. Bd. Leider wird unter dem historisch-akribischen Ansatz Torjesens die theologische Interpretation vernachlässigt.

50 Franson nannte seine Methode die „innhöstningsmetoder" (die Einernte-Methode). Robert Dillon nennt ihn den „Master of aggressive Evangelism". Siehe Dillon, The Franson Legacy Today, S. 57.

51 Z.B siehe: „Auf der Uhr der Geschichte hat die Stunde für die Mission geschlagen. Die Gemeinde, die Familie, die Einzelnen, welche ihre Pflicht, neue Königreiche für den Herrn zu erobern, nicht erfüllen als ihre wichtigste Verpflichtung, vernachlässigen nicht nur ihre Stellung, nein, sie geben sich vollständig auf. (...) Was soll man nun sagen von solchen, welche sich zurückhalten vom persönlichen Dienst, wenn die Botschaft zu ihnen kommt, daß der Herr sie beruft für Seinen Weinberg, obschon sie sich im Besitz von Talenten befinden, obschon sie Muße, den guten Willen und die Gelegenheit haben? Was soll man sagen von Eltern, welche ihre Kinder zurückhalten, wenn dieselben willig und bereit sind zu gehen? – Väter! Mütter! wenn der Herr sie ruft, so lasst sie ziehen! Vorzeitiger Tod, langwierige Kränklichkeit, mannigfache Misserfolge mögen hernach kommen, als Folge der Beraubung des Meisters um sein Eigentum." Siehe Franson, Reise um die Welt, S. 6. In Deutschland wurde Franson für seine drängerischen Rekrutierungsmethoden von Heinrich Neviandt heftig kritisiert. Siehe Neviandt, Dokument 7: Heinrich Neviandts Schrift zur Heilsarmee und zu Franson, S. 238-256.

52 Franson, Reise um die Welt, S. 12, 17, 52.

53 Franson, Reise um die Welt, S. 51.

interdenominationelle (und leider individualistisch verkürzte) Ekklesiologie. Denn Franson ging es in erster Linie nicht um die Gemeinde, sondern um die Sammlung der Glaubenden, die wiederum andere gewinnen sollen. Deswegen kann man Fransons Ekklesiologie auf den einfachen Nenner bringen: Gemeinde ist die eschatologische Schar der Missionierenden.

7.3 Das ekklesiologische Verständnis der Mission bei Kurt Zimmermann

Der Name Kurt Zimmermann taucht in der Missions- bzw. Kirchengeschichtsforschung kaum auf, obwohl Zimmermann in der Zeit des Nationalsozialismus mit wichtigen Ämtern in der Mission betraut war.[54] So war er nicht nur Missionsleiter der ACM, sondern von 1934 bis 1965 auch Vertreter der sogenannten „Gemeinschaftsmissionen" im DEMR.[55] In der Zeit des Kirchenkampfes waren in diesem Gremium weitreichende Entscheidungen zu treffen. Das „gesamte deutsche evangelische Missionswesen" sollte unter die „fördernde Obhut" der deutschen Reichskirche genommen werden.[56] Dabei ging es mehr um Machtfragen als um theologische Überlegungen

---

54 Zu Zimmermanns Biografie und zu seinen Verwicklungen mit dem Nationalsozialismus siehe Spohn, Zimmermann, Kurt, S. 1593-1595 und Spohn, Die Allianz-China-Mission in der NS-Zeit. In einer von Otto Weber verfassten Erklärung vom Juli 1933 wird auf Zimmermanns nationalsozialistische Vergangenheit hingewiesen. Darin beschreibt Weber seinen Beitritt zu den „Deutschen Christen". Diesen hätte er zusammen mit seinen Freunden Sprenger, Volkert, Zimmermann und Halstenbach vollzogen, um den volksmissionarischen Charakter dieser Bewegung zu unterstützen. Siehe von Bülow, Otto Weber, S. 97. Kurze Zeit nachdem der deutschchristliche Gauobmann Reinhold Krause bei der Sportpalastkundgebung vom 13.11.1933 seine radikalen deutschchristlichen Lehren propagierte, verließ Zimmermann, wahrscheinlich zusammen mit Weber, die DC. Siehe Korrespondenz Schlunk – Zimmermann Nr. 0329. In der Zeit der Naziherrschaft hielt sich Zimmermann tendenziell zu der im DEMR vertretenen Position, die in großer Nähe zur „Bekennenden Kirche" stand. Siehe Spohn, Zimmermann, Kurt, S. 1593-1595. Allerdings trat er nicht aus der NSDAP aus, in die er zusammen mit Weber am 01.05.1933 eingetreten war. Dazu siehe die Niederschrift über die Sitzung des Brüderrates der ACM am 28.9.1948 in Wuppertal-Vohwinkel; in: Akte Dietrich (Archiv der Allianz-Mission Ewersbach), S. 4 und NSDAP-Gaukartei, Zimmermann, Kurt [Mitgliedsnr. 2157776] (Bundesarchiv Berlin). Dies kann möglicherweise damit erklärt werden, dass die Bekennende Kirche ihren Mitgliedern, die zuvor der NSDAP beigetreten waren, empfahl, nicht aus der Partei auszutreten.

55 Heinz Röger/Hans Flick, Kurt Zimmermann; in: Missionsbote 83, 1976, S. 17.

56 Zur politischen bzw. kirchenpolitischen Haltung des DEMR in der Zeit des Nationalsozialismus siehe Schwarz, Mission, Gemeinde und Ökumene, S. 210-260.

nach der adäquaten Zuordnung von Mission und Gemeinde. Zimmermann lehnte anfänglich eine klare Stellungnahme in dieser Frage ab, da die Freundeskreise der ACM keine Einmischung in den Kirchenkampf wollten.[57] Später dann im März 1935 sprach er sich deutlich gegen eine „Bindung in kirchlicher Hinsicht" aus und warnte vor „Gewaltmassnahmen gegen die kleineren Gesellschaften".[58] Man befürchtete, wohl gewaltsam mit anderen Missionen zusammengelegt zu werden. Unklar bleibt jedoch, warum Zimmermann und die ACM sich nicht auf ihre interdenominationelle Wurzel besannen und von dort aus gegen die Eingliederungsversuche der Reichskirche Stellung bezogen. Auch bleibt die Frage offen, wie er als Missionsleiter einer nichtkirchlichen Mission zum Vertreter der sogenannten „Gemeinschaftsmissionen" werden konnte, die im Gegensatz zur ACM zumindest kirchliche Anbindung hatten. Jedenfalls konnte sich Zimmermann, obwohl er nur eine kurze theologische Ausbildung durchlief, im Hauptstrom deutscher Missionstheologie ein wenig profilieren, indem er einige Beiträge zur Chinamission veröffentlichte.[59] Über das ekklesiologische Verständnis der Mission hat er indes explizit nichts veröffentlicht. Das ist erstaunlich, denn Zimmermann musste sich während der Kämpfe des DEMR um die Eigenständigkeit der deutschen Missionswerke in den Anfangsjahren der nationalsozialistischen Diktatur mit diesen Fragen zwangsläufig beschäftigen. Auch die Diskussionen um Mission und Gemeinde, wie sie in den frühen Fünfzigerjahren geführt wurden, waren Zimmermann bekannt. Er berichtet davon, mit seiner Meinung hielt er sich jedoch zurück.[60] Da sein Nachlass verloren gegangen ist und er es unterließ, in seinen Veröffentlichungen umfangreicher zu dem Thema Mission und Gemeinde Stellung zu beziehen, sind wir weitgehend auf Vermutungen angewiesen.

Nach Wilhelm Simon war Zimmermann nicht nur Missionsleiter mit einem Blick für die weltweite Gemeinde Jesu Christi, sondern er war vor allem ein Mann, dem die Ortsgemeinde wichtig war, denn dort fühlte er

---

57 Korrespondenz Schlunk – Zimmermann Nr. 0329 (Archiv des Evangelischen Missionswerk in Deutschland), S. 14, 19.

58 Korrespondenz Schlunk – Zimmermann, S. 25.

59 Kurt Zimmermann, China – wie ich es erlebte. Geschautes und Erfragtes auf einer Besuchsreise durch Chinas Missionsfelder, Witten 1936; Kommunistenherrschaft in China; in: Deutsche Evangelische Weltmission Jahrbuch 1937, S. 48-55 und Kurt Zimmermann, China; in: Gerhard Brennecke (Hrsg.), Weltmission in Ökumenischer Zeit, Stuttgart 1961, S. 25-32.

60 Kurt Zimmermann, Missionsakademischer Kursus in Büsum (Holstein); in: Der Gärtner 61, 1954, S. 430.

sich heimisch.[61] Er gehörte zur Freien evangelischen Gemeinde Barmen und war von 1953–1962 einer ihrer Gemeindeältesten.[62] In den Jahrzehnten, in denen Zimmermann Missionsleiter war, prägte er die ACM bzw. die AMB nachhaltig. Eine ekklesiologische Konsolidierung forcierte er jedoch nicht. Dies hatte seine Gründe in dem Bewusstsein, Allianz-Mission zu sein. Obwohl für Zimmermann die Mission Sache der Gemeinde Jesu Christi war[63], führte das zu keinen ekklesiologischen Strukturvorschlägen. Nach Zimmermann habe der Herr der Mission die Gemeinde berufen, in alle Welt und zu allen Völkern zu gehen, um Jünger für ihn zu gewinnen.[64] Diese Jünger seien die Herausgerufenen, die wiederum zum missionarischen Dienst in ihre Umgebung gesandt sind.[65] In diesen Aussagen werden die Koordinaten von Zimmermanns Ekklesiologie deutlich. Gemeinde ist im eigentlichen Sinn Missionsgemeinde. Ihr Auftrag ist eine zweifache Sendung: in die „heillose Umgebung“ der Gemeinde und darüber hinaus in die ferne „finstere Welt“. Nach Zimmermann verkümmere eine Gemeinde, die keine Mission treibe.[66] Nun stellt sich die Frage, wer nach Zimmermann zum Leib Christi gehöre und wer nicht. In der Beantwortung dieser Frage zeigt sich das pietistische Erbe in Zimmermanns ekklesiologischem Denken, nach dem bestimmte Gruppen einer Gemeinde verschieden qualifiziert werden. Seine Ekklesiologie wird – zumindest in den kurzen Ausführungen seines Artikels über den Weg der Freien evangelischen Gemeinden zur Außenmission – unter deutlichem missiologischem Aspekt gedeutet.[67] Nach Zimmermann werde der Leib Christi dort sichtbar, wo Menschen die Ausbreitung der Frohbotschaft am Herzen liege.[68] Sicherlich darf man diese kurzen Ausführungen nicht überbewerten, denn sie werden keineswegs systematisch entfaltet und ihnen stehen andere Aussagen entgegen, z.B. die Aussage seines Chinareiseberichts von 1936. Dort ist

---

61 Wilhelm Simon, Kurt Zimmermann heimgegangen; in: Der Gärtner 83, 1976, S. 17.
62 Weyel, Als Gemeinde unterwegs, S. 94.
63 Zimmermann, Der Weg Freier evangelischer Gemeinden zur Außenmission, S. 329.
64 Zimmermann, Der Weg Freier evangelischer Gemeinden zur Außenmission, S. 329. Die Missionstat dürfe nach Zimmermann nicht von altruistischen oder von persönlichen Motiven geleitet sein, sondern müsse vom Gehorsam zu dem Befehl Jesu Christi motiviert sein, denn Christus habe es befohlen „und er kennt keinen Ungehorsam“. Siehe Kurt Zimmermann, Frieden im Evangelium den Fernen und Nahen; in: China-Bote 48, 1940, S. 43.
65 Zimmermann, China – wie ich es erlebte, S. 70-71 und Zimmermann, Der Weg Freier evangelischer Gemeinden zur Außenmission, S. 328.
66 Zimmermann, Der Weg Freier evangelischer Gemeinden zur Außenmission, S. 329.
67 Zimmermann, Der Weg Freier evangelischer Gemeinden zur Außenmission, S. 329-379.
68 Zimmermann, Der Weg Freier evangelischer Gemeinden zur Außenmission, S. 329.

die wesentliche *nota* der Gemeinde die Versammlung von zwei oder drei Menschen im Namen Jesu Christi.[69] Überblickt man jedoch Zimmermanns Schriften, dann zeigt sich, dass mit dem Begriff „Missionsgemeinde" nicht die institutionelle Gemeinde gemeint ist, sondern einzelne Christen, die mit Gleichgesinnten Mission unterstützen. Dies wird zwar nicht expressis verbis formuliert, steht aber implizit im Hintergrund seiner Theologie.[70] Als Konsequenz dieses Gedankens wird eine organisatorische Angliederung einer Mission an eine institutionelle Gemeinde nicht nötig, ist man doch mit der „Missionsgemeinde", d.h. mit all jenen verbunden, die zwar zu einer institutionellen Denomination, Ortsgemeinde oder kirchlichen Gemeinschaft gehören, die jedoch nicht identisch mit der Vollzahl ihrer Mitglieder sind und die Mission als ihr Herzensanliegen unterstützen.[71] Als Folge dieses ekklesiologischen Verständnisses der Mission ließe sich Zimmermanns Reserviertheit im Angliederungsprozess der AMB an den Bund der Freien evangelischen Gemeinden erklären.[72]

7.4 Das ekklesiologische Verständnis der Mission bei Hans Flick

Willy Weber schreibt über Hans Flick (1914–2001), dass dieser als Missionsleiter entscheidend daran mitgewirkt habe, „dass die Allianz-Mission die Mission des Bundes Freier evangelischer Gemeinden wurde".[73] Flick war von 1964–1981 Missionsleiter der AMB. Doch schon im Jahre 1935 hatte er sich als Missionskandidat der ACM für China beworben.[74] Seine Ausreise

---

69 Zimmermann, China – wie ich es erlebte, S. 63.

70 Darüber hinaus ist der Begriff „Missionsgemeinde" typisch für den Sprachgebrauch der AM-Verantwortlichen.

71 Dieser Sachverhalt wird bis in die Formulierungen deutlich. So wuchs und wachse nach Zimmermann in den Freien evangelischen Gemeinden eine „Missionsgemeinde" heran. Siehe Zimmermann, Der Weg Freier evangelischer Gemeinden zur Außenmission, S. 329.

72 Überblickt man die Archivakten der AM, dann wird deutlich, dass der Vorsitzende Karl Dietrich die Angliederung an den Bund forcierte, während Zimmermann sie nur passiv unterstützte.

73 Willy Weber, Nachruf Hans Flick 14. Mai 1914 bis 7. Mai 2001; in: Missionsbote 110, 2001, S. 3.

74 Die biografischen Angaben sind seinem autobiografischen Bericht, dem Interview mit Heinz Müller und dem Nachruf von Willy Weber entnommen. Siehe Hans Flick, Als Christ in der Zeit des Dritten Reiches; in: Der Gärtner 90, 1983, S. 84; Heinz Müller/ Hans Flick, Eigentlich wollte er Chinamissionar werden ... Ein Gespräch mit Hans Flick, Missionsleiter i.R. der AM; in: Missionsbote 98, 1989, S. 42-43 und Weber, Nachruf Hans Flick, S. 3.

wurde jedoch durch den Krieg verhindert. Flick hatte, nachdem er die Schule mit mittlerer Reife abgeschlossen hatte, eine kaufmännische Lehre durchlaufen. Im Jahr 1932 erlebte Flick eine Bekehrung. Daraufhin wurde er Mitglied der Freien evangelischen Gemeinde in Ronsdorf. Seine theologische Ausbildung erhielt er an der Predigerschule des Bundes Freier evangelischer Gemeinden in Wuppertal-Vohwinkel. Diese Ausbildung konnte er jedoch nicht mehr beenden, da er als Soldat eingezogen wurde. Nach dem Ende des Krieges war er als Pastor der Freien evangelischen Gemeinde Krefeld und später in Hartenrod/Hessen tätig. Im Jahre 1961 wurde er von der AMB als Missionssekretär für Brasilien berufen. Nach der Pensionierung Zimmermanns übernahm er im Jahr 1964 die Gesamtleitung der AMB.

Flick äußerte sich mehrfach zu seinem ekklesiologischen Verständnis der Mission. Dies hatte seinen Grund in den zeitgeschichtlichen Ereignissen. Im Hauptstrom deutscher Missionstheologie forderte und forcierte man die Integration von Kirche und Mission. Diese wurde durch die Integration von Internationalem Missionsrat (IMR) und Ökumenischem Rat der Kirchen (ÖRK) in Neu-Delhi 1961 angeregt. Davon abgesehen wurde man in AM-Kreisen durch die in Neu-Delhi geäußerten Tendenzen zum Religionssynkretismus, Inklusivismus und sozialem Evangelium beunruhigt.[75] Flick nahm zu diesen Entwicklungen bei der Klausurtagung der Bundesleitung der Freien evangelischen Gemeinden am 24. März 1972 ausführlich Stellung.[76] Dort sprach er sich vehement gegen den Strukturplan der EKD aus, der vorsah, alle Missionswerke zu einem „Ökumenischen Werk für Weltmission und Auslandsarbeit der EKD" zusammenzufassen.[77] Er sah in diesen Bestrebungen eine „Vereinnahmung der Mission" und rief die Verantwortlichen der „Vereinigung Evangelischer Freikirchen" (VEF) dazu auf, dagegen Stellung zu beziehen.[78] Er fürchtete um die Freiheit der Freikirchen- und Gemeinschaftsmissionen.[79] Im Hintergrund stand die Gründung der „Evangelischen Arbeitsgemeinschaft für Weltmission" (EAGWM) im Jahr 1963, die die Integration von Kirche und Mission voran-

---

75 August Jung, Ökumene und Evangelische Allianz nach Neu-Delhi; in: Missionsbote 71, 1962, S. 88-89 und August Jung, Ökumene und Mission nach Neu-Delhi; in: Missionsbote 72, 1963, S. 4-5, 28-29.

76 Hans Flick, Ausführungen bei der Klausurtagung der Bundesleitung am 24. März 1972. Die neue Grundordnung der EKD und ihre Auswirkung auf die Mission. Manuskript 1972 (Archiv der Allianz-Mission Ewersbach), S. 1-9.

77 Flick, Ausführungen, S. 7.

78 Flick, Ausführungen, S. 7.

79 Flick, Ausführungen, S. 3.

treiben sollte. Daraufhin versuchte die VEF in der EAGWM vertreten zu sein. Das wurde zunächst begrüßt, jedoch aus kirchenrechtlichen Gründen dann doch abgelehnt.[80] Diese Ablehnung und die daraufhin angebotene Zwischenlösung führten bei den freikirchlichen Missionen zu Irritationen. Zudem wurden zunehmend Stimmen gegen die Strukturpläne der EKD laut. Vor allem der Tübinger Missionswissenschaftler Peter Beyerhaus kritisierte die ökumenischen Tendenzen in der Missionstheologie.[81] Des Weiteren begannen sich die evangelikalen Missionen zu profilieren und sich unabhängig von den kirchlichen Plänen zu organisieren.[82] Deswegen – so Flick – müsse man die Bestrebungen innerhalb der EKD nach völliger Integration zwar anerkennen und respektieren, sie beträfen jedoch keineswegs die AMB, weil man dort schon in „gesunder Weise" eine Integration vollzogen habe.[83] Unmissverständlich macht er deutlich, dass er eine Integration von AMB in eine ökumenische Organisation nicht befürworten könne. Flick spielt auf die Eingliederung der AMB in den Bund der Freien evangelischen Gemeinden an. Dabei sei jedoch nicht die AMB Träger der Mission, sondern die Gemeinden, nämlich die des Bundes. Die AMB könne und solle dabei lediglich eine Mittlerrolle spielen.[84] Wie dies praktisch aussehen könnte, stellt er in einem Interview mit dem Schriftleiter des *Gärtner* dar.[85] So sei zwar die „Gesamt-Missionsgemeinde für alle Missionare" der AMB verantwortlich, was aber nicht bedeute, dass einzelne Gemeinden die Verantwortung für einen bestimmten Missionar übernehmen könnten. In der kurzen Meditation „Sondert mir aus!" machte er nochmals deutlich, dass eine Mission, die nicht von der Gemeinde ausgehe und nicht von ihr getragen werde, für ihn undenkbar sei. Ebenso kritisiert er, dass man „es den jungen Gliedern unserer Gemeinden überlassen" habe, „ob sie

---

80 Flick, Ausführungen, S. 2.

81 Flick, Ausführungen, S. 5-6. In einem Referat vor der Württembergischen Arbeitsgemeinschaft für Weltmission äußert sich Beyerhaus im September 1979 zu diesem Thema. Er fragt: „Ist die Mission kirchlicher, sind die Kirchen missionarischer geworden?" Er kommt zu einem negativen Fazit. Siehe Peter Beyerhaus, Mission – Wesen und Auftrag der Kirche: Wo stehen wir? Theologische Überlegungen und praktische Konsequenzen; in: Krise und Neuaufbruch der Weltmission: Vorträge, Aufsätze und Dokumente, Bad Liebenzell 1987, S. 161-181.

82 In Flicks Beitrag sind viele interessante Details zur Frühzeit der Arbeitsgemeinschaft evangelikaler Missionen (AEM) enthalten. Schonungslos weist er darin auf die dilettantische Durchführung der ersten Konferenzen evangelikaler Missionen hin.

83 Flick, Ausführungen, S. 7.

84 Hans Flick, Allianz-Mission-Barmen – Auftrag und Dienst; in: Sonderdruck aus der Zeitschrift Der Gärtner 1970, S. 2.

85 Flick, Allianz-Mission-Barmen – Auftrag und Dienst, S. 1-9.

sich von Gott in die Mission berufen wissen oder nicht".[86] Mission müsse
deswegen „Aufgabe der ganzen Gemeinde" sein. Als biblische Begründung
führt er, wie viele andere vor ihm, Apg 13 an.[87] Wichtig dabei ist ihm die
Bereitschaft der Gemeinde, auf die Stimme des Heiligen Geistes zu hören.
Voraussetzung dafür sei eine tiefe Spiritualität der Verantwortlichen. Dabei
sei jedoch zu beachten, dass die missionarische Verantwortung nicht durch
eigene Anstrengungen, sondern nur durch den Heiligen Geist „geweckt
und wachgehalten" werden könne.[88] Es ist zu vermuten, dass Flick, angeregt durch die zwar ekklesiologisch und kirchenrechtlich korrekt vollzogene Integration von Mission und Kirche im Bereich der EKD, die eigene
Integration von AMB und Bund der Freien evangelischen Gemeinden neu
überdachte. Wertet man seine Kurzbeiträge in der Zeitschrift *Missionsbote*
aus, dann ergibt sich dieses Bild. Stets war er bemüht, den Missionsauftrag
nicht nur der Ekklesiologie, sondern in gleicher Weise der Pneumatologie
zuzuordnen. Dies vertrat Flick mit Vehemenz.[89] Denn eine geistlose Gemeinde könne kaum Träger von Missionsarbeit sein. Christliche Spiritualität[90] und die Bereitschaft, auf das Wirken des Geistes zu hören, gehören
nach Flick zum Zentrum seiner ekklesiologischen Überlegungen. Damit
grenzte er sich gegen eine lediglich auf struktureller Ebene vollzogene
Integration von Mission und Gemeinde ab. Es ging ihm dabei nicht um
die richtige Struktur, sondern um geistgewirktes Handeln in Mission und
Gemeinde.

86 Hans Flick, Sondert mir aus!; in: Missionsbote 86, 1977, S. 3.
87 Flick, Sondert mir aus, S. 3.
88 Hans Flick, Mein Geist soll unter euch bleiben ... Haggai 2,5; in: Missionsbote 83, 1973,
S. 3.
89 Hans Flick, Auftrag und Verheißung der Gemeinde; in: Missionsbote 74, 1965, S. 3;
Flick, Mein Geist, S. 3; Hans Flick, Werdet voll Geistes; in: Missionsbote 85, 1976, S. 3;
Flick, Sondert mir aus, 3; Hans Flick, Jesu Liebe muss uns treiben; in: Missionsbote 88,
1979, S. 3 und Hans Flick, Lohnt sich Mission?; in: Missionsbote 90, 1981, S. 3.
90 Der christlichen Spiritualität sind auch seine veröffentlichten Vorträge gewidmet.
Siehe Hans Flick, Gelebter Glaube muß wachsen; in: Der Gärtner 60, 1953, S. 405-407
und Hans Flick, Dienet dem Herrn mit Freuden!; in: Der Gärtner 67, 1960, S. 543-545.

7.5 Das ekklesiologische Verständnis der Mission bei Otto Weber[91]

Nach Henning Wrogemann hätten deutsche Dogmatiker nach 1945 keinen Kontakt mehr zur Mission unterhalten.[92] Dies sei davor anders gewesen. In seiner Aufzählung nennt er explizit den reformierten Systematiker Otto Weber. Auf diesen trifft dieses Urteil jedoch nicht zu, denn Weber wirkte von 1930 bis zu seinem plötzlichen Tod im Jahr 1966 im Komitee der AM mit. Zwar betrachtete er sein Engagement in dieser Mission als ein Ehrenamt[93], welches er anderen Aufgaben unterordnete, jedoch zeigte er ein beständiges Interesse an der Arbeit der Mission. In der Zeit, als einige Missionsbrüderratsmitglieder wegen Unstimmigkeiten im Fall Möller ihre Mitarbeit aufkündigen wollten, bekräftigte Weber seine Solidarität zur AMB, indem er an den Vorsitzenden Dietrich schrieb, dass er der AMB „weiterhin" als „UNSERER Mission" zugetan bleibe.[94] Webers jahrzehntelange engen Kontakte zur Mission kamen vor allem durch die Freundschaft mit dem Missionsleiter der AM Kurt Zimmermann zustande. Später, als diese Freundschaft einen formalen Charakter annahm[95], bat Weber mehrfach darum, sein Rücktrittsgesuch aus dem Missionsbrüderrat zu bedenken, was Zimmermann und später Flick kategorisch ablehnten. Sie argumentierten, dass er dort auch als selten teilnehmendes Mitglied wichtig sei.[96] Aufs Ganze gesehen kann man deswegen Wrogemanns Fazit, dass deutsche Dogmatiker nach 1945 keinen Kontakt mehr zur Mission unterhalten hätten, zumindest im Blick auf Weber nicht zustimmen. Hinzu kommen noch die vielen kleineren Beiträge[97], die Weber für die Publikationen der AM verfasste. Was seinen Bekanntheitsgrad in Missionskreisen am meisten förderte, ist die Tatsache, dass er als Gastredner an vielen

---

91 In diesem Kapitel folgt der Verfasser im Wesentlichen der Diktion des von ihm verfassten Aufsatzes über Otto Webers Beitrag zur Mission. Siehe Spohn, Was der reformierte Systematiker Otto Weber der Mission hinterließ, S. 91-98.

92 Wrogemann, Mission und Religion in der Systematischen Theologie, S. 282.

93 Weber, Brief an Karl Dietrich, 14. Juli 1955, S. 1.

94 Weber, Brief an Karl Dietrich, 14. Juli 1955, S. 1.

95 Nach Vicco von Bülow deute alles darauf hin, dass der Kontakt der beiden in den 1950er- und 1960er-Jahren fast nur noch auf formaler Ebene stattfand und hauptsächlich von der engen Verbundenheit Ende der 1920er- und Anfang der 1930er-Jahre lebte. Siehe Vicco von Bülow, E-Mail an Elmar Spohn, 23. April 2006.

96 Von Bülow, Otto Weber, S. 339-340.

97 Vollständig sind diese Beiträge aufgelistet in Spohn, Was der reformierte Systematiker Otto Weber der Mission hinterließ, S. 97-98.

ihrer Missionsfeste und Tagungen anzutreffen war.[98] Vielleicht waren diese
Anlässe der Grund dafür, sich mit dem ekklesiologischen Verständnis der
Mission zu beschäftigen. Jedenfalls kommt dieses in zwei seiner kleineren
Beiträge zur Sprache.

Der eine Beitrag ist der kleine Aufsatz „Mission und Gemeinde", den er
für den Jubiläumsband zum fünfzigjährigen Bestehen der ACM verfasste.[99]
Der andere Beitrag ist ein im *Evangelischen-Missions-Magazin* veröffentlichter
Vortrag, den er an der Rheinischen Missionskonferenz im Jahr 1960 hielt.[100]
Abgesehen davon kommt dieses Thema in Webers Ekklesiologie nicht mehr
vor.[101] Das verwundert, denn in diesen Beiträgen macht Weber nachdrücklich deutlich, dass Mission die wesensmäßige Aufgabe der Kirche sei. Doch
merkwürdigerweise lässt sich dieser Gedanke in seinem dogmatischen
Hauptwerk nicht mehr finden.

In seinem Aufsatz „Mission und Gemeinde" machte er deutlich, dass
Mission ihren Ausgangspunkt und ihr Ziel in der Gemeinde haben müsse.[102]
Sie müsse nach neutestamentlichem Vorbild von der Gemeinde ausgehen
und von ihr getragen werden. Ihr Ziel sind wiederum Gemeinden, die
dann selbst Missionsarbeit tragen und Missionsarbeit treiben. Aber dabei
dürfe nicht vergessen werden, dass die Gemeinde ihre Arbeit nicht aus
eigenem Antrieb tue, sondern auf Anordnung des Geistes. Das bedeutet
für Weber: „Die Gemeinde ist Träger, aber nicht Herr der Mission." Des
Weiteren beschäftigte er sich mit der Frage, weswegen die Mission von
besonderen Vereinen getragen würde und nicht direkt von der Gemeinde
ausgehe. Seine Antwort ist eine zweifache. Zum einen benötige man für
die Missionsarbeit eigene technische und organisatorische Formen, zum
anderen schütze der überkonfessionelle Charakter der Missionsvereine
davor, konfessionelle Duplikate auf das Missionsfeld zu tragen.[103] In einem
Brief an den Vorsitzenden der AM, Dietrich, kommt Weber erneut auf
dieses Thema zu sprechen.[104] Dabei weist er auf die Entwicklung in der
protestantischen Missionsbewegung hin, in der Mission „nicht unmittelbar" von der Gemeinde ausgegangen sei. Dass dieser Zustand zu einem

---

98 Kurt Zimmermann, Professor D. Dr. Otto Weber wurde plötzlich heimgerufen; in:
  Der Gärtner 74, 1966, S. 895.
99 Weber, Mission und Gemeinde; in: Zimmermann, Fünfzig Jahre Allianz-China-Mission, S. 25-30.
100 Weber, Kirchenmission, S. 158-170.
101 Spohn, Was der reformierte Systematiker Otto Weber der Mission hinterließ, S. 95.
102 Weber, Mission und Gemeinde, S. 25-30.
103 Weber, Mission und Gemeinde, S. 29.
104 Otto Weber, Brief an Karl Dietrich 16. August 1955, S. 2.

Problem werden könne, zeige der Missionar Möller, der sich der Missions-organisation (der AMB) verweigere und direkt von den Bundesgemeinden ausgesandt werden wollte. In seelsorgerlichem Ton macht Weber in diesem Brief deutlich, wenn Gott es nun einmal so geführt habe, dass man „ohne klare Weisung nichts Grundlegendes" daran ändern könne.[105]

Auch in seinem Vortrag vor der Rheinischen Missionskonferenz kommt Weber wiederholt auf das Thema Mission und Gemeinde zu sprechen. Pointiert macht er darin deutlich, dass Mission dort ihren Platz haben solle, wo Menschen für die Mission „brennen".[106] Dieser Ort sei die Ortsgemeinde, nicht die Gesamtkirche bzw. die Kirchenleitung. Die Missionswerke hätten dabei bleibende Bedeutung, wenn sie als „Hilfseinrichtungen" verstanden werden, die sich zum einen um die „Heranbildung der Missionsanwärter" sowie um die „theologische Durchdringung der im Blick auf die Heiden-mission entstehenden Fragen" und zum anderen um die „Betreuung der Missionare und, solange dies nötig ist, der jungen Gemeinde" kümmerten. Dabei sind sie nur funktionelle Missionsträger, die eigentliche Missionsmotivation müsse aus der Gemeinde kommen. Wiederholt gibt er zu bedenken, dass ohne Missionsgesellschaften die Gefahr bestünde, dass die jungen Gemeinden eine Kopie der abendländischen würden. So gesehen sind die Missionsgesellschaften die Anwälte der geistlichen Eigenart der jungen Gemeinden. Sie sind deswegen unverzichtbar, denn es dürfe nicht das spezielle Bekenntnis der sendenden Kirchen oder gar die Unterschiede und Zertrennungen des abendländischen Christentums auf das Missionsfeld getragen werden, vielmehr das Bekenntnis zu Christus.[107]

Aus dem bisher Ausgeführten wird deutlich, wie Weber das Verhältnis von Gemeinde und Missionsorganisationen deutet. Die selbstständigen Missionsorganisationen wären nicht nötig gewesen, hätte der Protestantismus schon früher Mission als die Aufgabe der Kirche erkannt. Dies war jedoch nicht der Fall. Darüber hinaus jedoch hätten Missionsorganisationen ihre Berechtigung in ihrer Eigenschaft als organisatorische Hilfseinrichtungen. Dabei haben besonders interdenominationelle Missionswerke bleibende Berechtigung, weil sie die Gefahr reduzieren, konfessionelle Eigenheiten und Streitigkeiten auf das Missionsgebiet zu übertragen.

Dieser Gedanke Webers wurde von dem FeG-Prediger und Komitee-mitglied Adolf Kaiser (1900–1984) in der Festschrift zum 60-jährigen

---

105 Otto Weber, Brief an Karl Dietrich 16. August 1955, S. 2.
106 Weber, Kirchenmission, S. 158.
107 Weber, Kirchenmission, S. 168-169.

Bestehen der AMC wieder aufgenommen.[108] Mit seiner Weber-Rezeption konnte er die spezielle Position der AM rechtfertigen, war man doch zu diesem Zeitpunkt bewusst eine allianzorientierte Mission, der es nicht um konfessionelle Eigenarten ging, sondern darum, dass in den Arbeitsgebieten Gemeinde von Glaubenden entstehe. Folglich betont Kaiser, dass man die Zersplitterungen der heimatlichen Kirchen nicht auf das Arbeitsfeld übertragen wolle, aber trotzdem in der Gemeinde den „Träger der Heidenmission" sehe.[109] Dies solle jedoch nicht in konfessioneller Enge, sondern auf dem Boden der evangelischen Allianz geschehen.

Ebenso wurde Webers Aufsatz „Mission und Gemeinde" mehrfach in den Publikationen der AM nachgedruckt.[110] Im Denominationalisierungsprozess spielten seine Gedanken jedoch keine Rolle, weil für die AM-Theologen[111] „Kirche" bzw. „Gemeinde" mit dem Begriff „Missionsgemeinde" identisch war. Mit diesem Begriff bezeichnete man aber lediglich den überkonfessionellen Freundeskreis der Mission. Welche Meinung Weber zum Denominationalisierungsprozess der AM hatte, wird nicht erkennbar. Zwar gab er der Missionsleitung in einigen dringenden theologischen Fragen kurze Ratschläge, zum Denominationalisierungsprozess der AMB äußerte er sich jedoch nicht. Er fragt sich lediglich, ob es nicht nötig wäre, die Mission unmittelbar in die Hand der Kirche – im Sinn der Landeskirche, des Bundes Freier evangelischer Gemeinden, des Bundes Evangelisch-Freikirchlicher Gemeinden usw. – zu überführen, beantwortet diese Frage jedoch nicht.[112]

---

108 Kaiser, Vom Werden und Wachsen, S. 9-10.

109 Kaiser, Vom Werden und Wachsen, S. 9.

110 Otto Weber, Mission und Gemeinde; in: China-Bote 48, 1940, Nr. 1/2/3, S. 1-2, 11, 18-19 [Nachdruck], Otto Weber, Mission und Gemeinde; in: Sechzig Jahre Allianz-China-Mission 1889–1949. Grundsätzliches über Wesen und Arbeitsweise einer Allianz-Mission in Mittel-China, Winterthur 1949, S. 25-30 [Nachdruck]; Otto Weber, Mission und Gemeinde; in: Missionsbote 73, 1964, S. 40-42 [geringfügig gekürzter Nachdruck]; Otto Weber, Mission und Gemeinde; in: Missionsbote 82, 1972, S. 43 [gekürzter Nachdruck]; Otto Weber, Mission und Gemeinde; in: Missionsbote 98, 1989, S. 5-6 [geringfügig gekürzter Nachdruck].

111 Z.B. Zimmermann, Der Weg Freier evangelischer Gemeinden zur Außenmission, S. 329; Meili, Gedanken eines Missionars an eine Missionsgemeinde, S. 82 und Kaiser, Vom Werden und Wachsen, S. 9 gebrauchen diesen Begriff.

112 Weber, Kirchenmission, S. 167.

7.6 Mission und Gemeinde im Spiegel der Leitartikel des *China-Boten* bzw. *Missionsboten*

In den Leitartikeln des CB bzw. des MB äußerten sich Theologen, die zur AM gehörten oder die ihr nahestanden, zu ihrem Missionsverständnis. Man wird mit dem Urteil nicht fehlgehen, wenn man den Inhalt dieser Leitartikel als die „Missionstheologie" der AM jener Zeit betrachtet. Natürlich können Kurzartikel keine Missionstheologie vermitteln, allerdings können sie missionstheologische Schwerpunkte sichtbar machen und aufzeigen, wie man Mission begründet. Die Qualität der Beiträge ist sehr verschieden. Manche dieser Beiträge sind eher Appellationen, andere jedoch zeichnen sich durch gründliche theologische Arbeit und biblische Fundierung aus. Überblickt man nun die Leitartikel der AM in ihrer über 100-jährigen Geschichte, dann zeichnet sich folgendes Bild ab:

In den ersten Jahrgängen sind kaum theologisch gehaltvolle Beiträge zu finden.[113] Dieses Urteil trifft jedoch nicht für die herausragenden Beiträge von P. Kranz[114], Eduard Zantop[115] und Richard Schmitz[116] zu. Denn in bemerkenswerter Weise weisen sie schon damals der Mission ihren Platz in der biblischen Heilsgeschichte (Kranz; Zantop), in der Gotteslehre

---

113 Als typisches Beispiel kann der Leitartikel von Franson „Hüter, ist die Nacht schier hin?" gelten. Darin werden apokalyptische Berechnungen aufgestellt und mit der Bemerkung „Die Nacht ist weit vorgeschritten und der Tag bricht bald an" aus Röm 13,10 abgeschlossen. Siehe Fredrik Franson, Hüter, ist die Nacht schier hin?; in: China-Bote 4, 1895, S. 33.

114 Kranz, Die Aufgabe der Kirche Christi, S. 25-26. Leider ist es dem Verfasser nicht gelungen, mehr über den Wiesbadener Pastor und China-Missionar P. Kranz herauszubekommen. (Das „P" steht vielleicht nicht für seinen Vornamen, sondern für die Berufsbezeichnung „Pastor".) Kranz kritisierte Gustav Warnecks Missionslehre, worauf dieser ihm in einem Brief vom 5. August 1903 antwortet. Speziell kritisierte Kranz Warnecks Zweiteilung der Missionsaufgabe, die dieser mit den Wörtern „Christianisierung" und „Volkschristianisierung" beschrieben hatte. In seinem Antwortbrief an Kranz macht er deutlich, dass er diese Zweiteilung in einer neuen Ausgabe seiner Missionslehre korrigieren und nunmehr einer Dreiteilung folgen würde: 1. die individualistische Missionsaufgabe (das heißt Rettung einzelner Seelen), 2. die kirchliche Missionsaufgabe (das heißt Gemeindebildung) und 3. die volkliche Missionsaufgabe (das heißt Beeinflussung des ganzen Volkes). Zu dieser Kontroverse und den Auszügen aus Warnecks Brief siehe P. Kranz, Professor D. Warnecks † eigene Verbesserung seiner Bestimmung der Missionsaufgabe; in: China-Bote 19, 1911, S. 60-61. Anlass war eine erneute Kontroverse dieses Thema betreffend mit Johannes Warneck, Sohn des zu diesem Zeitpunkt schon verstorbenen Gustav Warneck.

115 Zantop, Ansprache, S. 80-81.

116 Schmitz, Die Missionsaufgabe der Gemeinde, S. 9-10.

(Zantop) und in der Ekklesiologie (Schmitz; Kranz) zu. Wichtige andere Beiträge sind erst in den Dreißigerjahren des zwanzigsten Jahrhunderts erschienen. Diese begründen Mission eschatologisch.[117] Interessant ist, dass diese Begründung Anfang der 1950er-Jahre in den Publikationen der AM wieder aktuell wurde. Die Analogie zum Hauptstrom der deutschen Missionstheologie ist unverkennbar. Nach Ludwig Wiedemann war die Eschatologie ein bestimmendes Thema im deutschen Missionsdenken jener Zeit.[118] So ist es kaum verwunderlich, dass auch die Leitartikelschreiber der AM Bezug darauf nahmen. Demzufolge könne die Parusie Christi erst nach Vollendung der Missionsaufgabe erfolgen, wobei die weltweite Ausbreitung des Evangeliums zugleich ein Zeichen für die Endzeit sei.[119] In dieser eschatologischen Zuspitzung ist die Gemeinde „nur" Bedingung für die Parusie Christi. Doch ist Gemeinde nicht mehr? Ist sie nicht, wie es Weber formuliert hatte, Ausgangs- und Zielpunkt der Mission? Und weiter gefragt, in welchem Zusammenhang stehen Mission und Gemeinde zueinander? Diesen Fragen haben sich die Verfasser der Leitartikel immer wieder zugewandt.[120] Genau genommen sind diese Fragen in den Leitartikeln des CB

---

117 Man begründete Mission meist mit eschatologischen oder ekklesiologischen Motiven. Andere Motive werden zwar auch genannt, wie z.B. Gehorsamspflicht (Zimmermann, Frieden im Evangelium, S. 43; Helmut Plenio, Mission ist unsere Pflicht; in: Missionsbote 78, 1969, S. 87), das inkarnatorische Beispiel Jesu Christi (August Jung, Seinen Fußspuren nachfolgen [Joh 20,21]; in: Missionsbote 71, 1962, S. 43-44; anonym, Gottes Sendung – unsere Sendung; in: Missionsbote 67, 1958, S. 3) und Altruismus (anonym, Es jammerte ihn des Volkes; in: Missionsbote 64, 1955, S. 2-3), oder man nahm auf einzelne Bibelstellen wie Mt 9,37-38 (K.F. Murten, Weltmission; in: China-Bote 45, 1937, S. 62) und Joh 3,16 (Karl Engler, Die Liebe Gottes; in: China-Bote 27, 1919, S. 1-2) Bezug.

118 Ludwig Wiedenmann, Mission und Eschatologie. Eine Analyse der neueren deutschen evangelischen Missionstheologie, Paderborn 1965, S. 95.

119 Eduard Wächter, „Handelt, bis dass ich wiederkomme" (Luk 19,13); in: China-Bote 43, 1935, S. 66-67; Schürch, Das Evangelium in der ganzen Welt, S. 18-19; E. Gilgen, Handelt, bis ich wiederkomme!; in: China-Bote 60, 1952, S. 2 und anonym, Sollen wir heute noch Mission treiben? Von der Botschaft vom Reich in Evangelisation und Mission; in: Missionsbote 62, 1954, S. 2-5. Im CB wurde der berühmte Aufsatz „Mission und Eschatologie im Neuen Testament" des Baseler Neutestamentlers Oscar Cullmann (1902–1999) in gekürzter Form wieder veröffentlicht. Siehe Oscar Cullmann, Mission und Eschatologie im Neuen Testament; in: China-Bote 50, 1942, S. 1-3. Dieser Aufsatz ist ein Jahr zuvor im EMM erstmalig erschienen. Darin weist Cullmann den Zusammenhang von Mission und Eschatologie exegetisch nach. Vgl. dazu Elmar Spohn, Mission und das kommende Ende. Karl Hartensteins Verständnis der Eschatologie und dessen Auswirkung auf die Mission, Lahr 2000, S. 97.

120 Viele dieser Leitartikel sind gedruckte Predigten bzw. Vorträge, die auf den verschiedenen Veranstaltungen der AM gehalten wurden.

bzw. MB bestimmend gewesen. Andere Themen wie „Berufung", „Missionspaternalismus", „Selbstständigwerdung einheimischer Kirchen", „Gebet für die Mission" usw. wurden zwar auch erörtert[121], jedoch weit weniger als dieses Thema. Das verwundert, zumal die AM zuerst eine Glaubensmission war, der es anfänglich nicht um ekklesiologische Fragen ging. Es scheint aber, dass sich dies nach der Jahrhundertwende änderte.

Interessanterweise vollzog sich der Denominationalisierungsprozess der Allianz-Mission parallel zu landeskirchlichen Entwicklungen. Er begann in den 1950er-Jahren und wurde in den 1970er-Jahren beendet. Dieser Zeitraum war auch für die Integrationsbestrebungen des landeskirchlichen Protestantismus bedeutend. Diese Analogie ist höchst bemerkenswert und regt zur Frage an, ob das Thema Mission und Gemeinde in den Publikationen der AM in diesem Zeitraum vermehrt zur Sprache kam. Das ist jedoch nicht der Fall. Vergleicht man die Missionszeitschriften der klassischen Missionen mit dem MB, dann zeigt sich, dass Mission und Kirche in den Missionszeitschriften geradezu das bestimmende Thema war. Die Initialzündung dazu gab Hartenstein an der Weltmissionskonferenz 1952 in Willingen. Mit seinem bedeutenden Vortrag „Theologische Besinnung" verknüpfte er das Existenzrecht der Kirche mit dem Missionsauftrag.[122] Nach der Veröffentlichung dieses Vortrags setzte eine Flut von Artikeln und Aufsätzen zu diesem Thema in den missionstheologischen Zeitschriften

---

121 Bemerkenswert sind die Artikel über „Berufung" von Gerhard Hörster (Der Weg eines Missionars; in: Missionsbote 77, 1968, S. 107-108 und Der Weg eines Missionars; in: Missionsbote 78, 1969, S. 3) und Fritz Laubach (Ruf und Dienst der missionierenden Gemeinde; in: Missionsbote 70, 1961, S. 3-4) und die vehemente Kritik am Missionspaternalismus in den Beiträgen von Otto Weber und Gottfried Borchert. Siehe Otto Weber, Die Mission und der Weiße Mann; in: China-Bote 58, 1950, S. 2-3 und Gottfried Borchert, Partnerschaft in der Mission; in: Missionsbote 79, 1969, S. 63.

122 Karl Hartenstein, Theologische Besinnung; in: Walter Freytag (Hrsg.), Mission zwischen Gestern und Morgen. Vom Gestaltwandel der Weltmission der Christenheit im Licht der Konferenz des Internationalen Missionsrats in Willingen, Stuttgart 1952, S. 51-72.

ein.[123] In den Leitartikeln des MB jedoch lässt sich eine Konzentrierung auf dieses Thema in den 1950er- und 1960er-Jahren nicht feststellen. In diesem Zeitraum sind zwar einige Artikel über dieses Thema erschienen, jedoch kann von einer Häufung in diesen Jahren nicht die Rede sein, denn von der Jahrhundertwende bis in die Gegenwart sind immer wieder in regelmäßigen Abständen Beiträge zu finden, die dieses Thema dezidiert aufnahmen.[124] Der Artikel von Heinrich Engel verdient besondere Aufmerksamkeit, weil dieser Wesentliches zur neueren Diskussion beitragen kann.[125] Heinrich Engel war Missionar der ACM in China, später war er dann in ihrem Missionskomitee tätig. Im Hintergrund seines Beitrags stand vermutlich eine Auseinandersetzung mit frommen Kreisen, die forderten, dass man sich zuerst einmal auf den eigenen Glauben besinnen solle, bevor man Mission treibe. Engel bezieht gegen diese Position Stellung. Nach Engel ist das Verhältnis von Mission und Gemeinde reziprok. Aus der Gemeinde entsteht Missionsarbeit, die befruchtend wieder auf sie zurückwirke.[126]

---

123 Beispielsweise äußerten sich die führenden Missionstheologen jener Zeit zu diesem Thema: Siegfried Knak, Mission und Kirche; in: Robert Stupperich (Hrsg.), Verantwortung und Zuversicht. Eine Festgabe für Bischof D. Dr. Otto Dibelius DD zum 70. Geburtstag am 15. Mai 1950, Gütersloh 1950, S. 188-19; Walter Freytag, Der Beruf der Kirche zur Mission und zur Einheit (1951); in: Reden und Aufsätze, Bd. 2, München 1961, S. 111-123; Hartenstein, Theologische Besinnung, S. 51-72; Johannes Hoekendijk, Die Kirche im Missionsdenken; in: EMZ 6, 1952, S. 1-13; Heinz Renkewitz, Die Missionsverantwortung der Kirche; in: Jahrbuch Evangelische Mission, 1957, S. 3-25; Martin Pörksen, Die Gemeinde entdeckt die Mission, Gütersloh 1961 und Georg Vicedom, Der Anteil der Gemeinde an der Sendung Christi in die Welt, Bad Salzuflen 1963.

124 Kranz, Die Aufgabe der Kirche Christi, S. 25-26; Schmitz, Die Missionsaufgabe der Gemeinde, S. 9-10; B[ussemer], Fertige ab mit allem Fleiß, S. 118-119; Weber, Mission und Gemeinde 1940, S. 1-2, 11, 18-19; Walter Wydler, Gemeinde und Mission; in: China-Bote 54, 1946, S. 2-4; Heinrich Engel, Die Gemeinde und ihre Missionsaufgabe; in: China-Bote 55, 1947, S. 1-3; Johannes Leh, Mission und Gemeinde; in: Missionsbote 67, 1958, S. 4; Laubach, Ruf und Dienst der missionierenden Gemeinde, S. 3-4; Fritz Laubach, Der König, die Gemeinde und die Boten; in: Missionsbote 71, 1962, S. 112-113; Fritz Laubach, Der König, die Gemeinde und die Boten; in: Missionsbote 72, 1963, S. 48-49; Walter Werner, Mission ist wichtig!; in: Missionsbote 79, 1970, S. 75; Flick, Sondert mir aus, S. 3; anonym, Patenschaften für Missionare, Missionsbote 87, 1978, S. 14; Karl Heinz Knöppel, Die Kraft des Evangeliums durch die sendende Gemeinde; in: Missionsbote 102, 1993, S. 3-4; Ansgar Hörsting, Auf Sendung ...?; in: Missionsbote 2001, S. 2; Ansgar Hörsting, Mission ist Sache der Gemeinde; in: allianz-mission aktuell, Juni 2006, S. 1, und Johannes Klement, Mission und Gemeinde. Gemeinde engagiert sich; in: allianz-mission aktuell, Juni 2006, S. 1-2.

125 Engel, Die Gemeinde und ihre Missionsaufgabe, S. 1-3.

126 Engel, Die Gemeinde und ihre Missionsaufgabe, S. 2.

Alles, was in der Mission „erlebt, erfahren, erlitten und erworben" werde, „gehört der Gemeinde und fließt so als Segen auf die Gemeinde zurück". Engel widerspricht der Anschauung, dass man erst nach vollkommenerer Heiligung streben müsse, bevor man Mission treiben dürfe.[127] Nach Engel geschehe diese Heiligung gerade durch die Hingabe an den Missionsauftrag, weil darin die Hingabe an den Herrn der Mission sichtbar werde. Eben deswegen könne man die Heiligung einer Gemeinde am Grad ihres Missionswillens erkennen.[128] Evangelische Gemeinde könne folglich nur dann evangelisch bleiben, wenn sie das Evangelium verbreite.

Im Folgenden soll nun das in diesen Leitartikeln beschriebene komplementäre Verhältnis von Mission und Gemeinde zu den fünf wesentlichen Aussagen zusammengefasst werden:

1. Mission und Gemeinde gehören zusammen, „weil der Herr der Gemeinde auch der Herr der Mission" ist. Der Auftrag der Mission ist den Jüngern Jesu gegeben. Diese gehörten, wie die Apostelgeschichte zeige, Gemeinden an, die diesem Auftrag gewissenhaft nachkamen.[129]
2. Die Gemeinde ist der Ort, wo der Heilige Geist Menschen zum Missionsdienst beruft.[130]
3. Der Heilige Geist berufe zwar zum Missionsdienst, die Aufgabe der Gemeinde ist es jedoch, die Missionare auszusenden und zu unterhalten.[131]
4. Das Ziel der Mission sind Gemeinden, die durch die Verkündigung des Evangeliums in allen Völkern entstehen.[132]

---

127 Engel, Die Gemeinde und ihre Missionsaufgabe, S. 2.
128 Engel, Die Gemeinde und ihre Missionsaufgabe, S. 3.
129 Leh, Mission und Gemeinde, S. 4; Engel, Die Gemeinde und ihre Missionsaufgabe, S. 1 und Hörsting, Mission ist Sache der Gemeinde, S. 1. Dass die Mission der heilsgeschichtliche „Zweck der Kirche" zwischen Himmelfahrt und Wiederkunft Christi sei, wurde zwar auch geäußert (Kranz, Die Aufgabe der Kirche Christi, S. 25), jedoch lediglich am Rande. Z.B. ließe Jesus nach Walter Werner seine Gemeinde noch auf der Erde, da die Vollendung des Missionsauftrages noch ausstehe. Dazu siehe Werner, Mission ist wichtig, S. 75.
130 B[ussemer], Fertige ab mit allem Fleiß, S. 119; Laubach, Ruf und Dienst der missionierenden Gemeinde, S. 3-4; Engel, Die Gemeinde und ihre Missionsaufgabe, S. 1 und Hörsting, Auf Sendung, S. 1. Insbesondere im Gottesdienst berufe der Heilige Geist. Dazu siehe Knöppel, Die Kraft des Evangeliums durch die sendende Gemeinde, S. 3-4.
131 Flick, Sondert mir aus, S. 3; Knöppel, Die Kraft des Evangeliums durch die sendende Gemeinde, S. 3-4; anonym, Patenschaften für Missionare, S. 14-15, und Klement, Gemeinde engagiert sich, S. 1-2.
132 Weber, Mission und Gemeinde 1940, S. 1; Wydler, Gemeinde und Mission, S. 2; Leh, Mission und Gemeinde, S. 4.

5. Missionsorganisationen sind lediglich „Helfer" der Gemeinden in der Realisierung ihrer missionarischen Aufgabe.[133]

Zusammenfassend kann gesagt werden, dass die Leitartikelschreiber der AM Mission stets der Gemeinde zuordneten, ohne einer denominationalistischen Verengung zu erliegen.[134] Dabei wurden Missionsgesellschaften nie kritisiert, sondern als Hilfseinrichtungen der Gemeinde gesehen.[135]

---

133 Weber, Mission und Gemeinde 1940, S. 18-19; Hörsting, Auf Sendung, S. 2, und Klement, Gemeinde engagiert sich, S. 2.

134 Das zeigt sich auch darin, dass die AM auch nach der Angliederung an den Bund „weiterhin offen für die Mitarbeit von Christen aus anderen Gruppen" ist. Siehe Ernst Wilhelm Erdlenbruch / Heinz-Adolf Ritter, Freie evangelische Gemeinden, Witten, 2. Auflage 1978, S. 21.

135 Diese Sicht ist auch für die evangelikale Bewegung bestimmend. Vor allem Patrick Johnstone kann als profilierter Vertreter dieser Sicht namhaft gemacht werden. Dazu siehe Patrick Johnstone, Viel größer, als man denkt. Auftrag und Wachstum der Gemeinde Jesu, Holzgerlingen 1999, S. 235-330.

8. Ergebnisse und Schlussfolgerungen

8.1 Der historische Ertrag

Zusammenfassend kann man sagen, dass sich die AM anfänglich keiner der bestehenden Kirchen und Denominationen annähern wollte. Für Polnick und Franson war der Begriff „Kinder Gottes" wichtig. Von „Kindern Gottes" gehe die Mission aus, und ihr Ziel sind die Menschen, die durch die missionarische Verkündigung wiederum zu „Kindern Gottes" werden. Deshalb wollte man auch nicht die in den Missionsgebieten entstehenden Gemeinden ekklesiologisch prägen. Später deutete man dies missiologisch, indem man auf die kirchlichen Verhältnisse und denominationalistischen Streitereien Europas verwies, die man nicht auf das Missionsfeld tragen wollte. Dass es dann doch zu einer Eingliederung in eine Denomination gekommen ist, hängt mit der geografischen Nähe der AM zum Kernzentrum der Freien evangelischen Gemeinden und zu deren Predigerschule in Wuppertal-Vohwinkel zusammen. Auch verwandtschaftliche Beziehungen und die Tatsache, dass sich viele Missionsanwärter aus Freien evangelischen Gemeinden rekrutieren ließen, wiesen den Weg zu einer Zusammenarbeit, die dann in die Eingliederung mündete.

Von Bundesseite wollte man anfänglich kein eigenes Missionswerk gründen. Die Gründerväter betonten stets die Gemeinschaft mit anderen „Kindern Gottes". Deswegen konnte man freimütig die Missionsarbeit anderer Missionen unterstützen. Der Wunsch, ein eigenes Missionswerk zu gründen, kam erst nach dem Zweiten Weltkrieg auf. Das war durch die zunehmende Denominationalisierung der Freien evangelischen Gemeinden in den Nachkriegsjahren verursacht. Da man aber keine Kontakte ins Ausland hatte, wollte man missionarische Verantwortung in einer der einem nahestehenden Missionen, der NM und der AM, übernehmen. Man versuchte eine Zusammenarbeit mit der NM. Diese scheiterte jedoch an grundlegenden Meinungsverschiedenheiten in ekklesiologischen Fragen. Die NM hielt kategorisch an ihren interdenominationellen Wurzeln fest, während die AM ihre Interdenominationalität zurückstellte. Dies wurde vor allem durch die freievangelischen Komiteemitglieder ermöglicht, die nach dem Zweiten Weltkrieg die Mehrheit in diesem Leitungsgremium stellten. Deswegen kann Klaus Fiedlers Feststellung, dass im „Lauf der Zeit" „der Anteil der Freien evangelischen Gemeinden am Personal und an der Finanzierung der AM immer größer" wurde und so die Eingliederung sukzessive vonstattenging, bestätigt werden.[1]

Aus der historischen Darstellung lassen sich folgende Schlussfolgerungen ableiten. Die Leitung des Bundes der Freien evangelischen Gemeinden versuchte als Leitungsgremium vieler Einzelgemeinden vermehrt den Missionsgedanken in die Gemeinden hineinzutragen. Das ist ihr gelungen. Jedoch stellte es sich als außerordentlich schwierig dar, das Missionsinteresse zu kanalisieren. Zwei Hauptfaktoren hemmten diesen Prozess:

1. Die kongregationalistische Struktur des Bundes inhibierte eine von der Bundesleitung gesteuerte Missionsarbeit. Da die Bundesgemeinden als Einzelgemeinden independent strukturiert sind, war es der NM und der privaten Missionsarbeit von Möller weiterhin möglich, Unterstützung aus Freien evangelischen Gemeinden zu bekommen. Die Bundesleitung konnte dabei nur Empfehlungen an die Gemeinden geben. Da, wo sich Gemeinden anders entschieden und ihre Spenden und Missionsanwärter anderen Organisationen zur Verfügung stellten, musste das vom Bund toleriert werden. Anfänglich wurde dies von den Verantwortlichen des Bundes bedauert, da man selbst Missionsarbeit verantwortlich tragen und gestalten wollte. Diese Absicht war ein Ausdruck von zunehmendem ekklesiologischem Selbstbewusstsein. Zudem macht es deutlich, dass sich der Bund in einem Denominationalisierungsprozess befand, der in jenen Jahren seinen Höhepunkt erreichte. Nachdem sich die AM als Außenmission des Bundes etabliert hatte und die neuen interdenominationellen Missionen (z.B. DIGUNA, Deutsche Missionsgemeinschaft,

---

1 Fiedler, Glaubensmissionen, S. 542.

Vereinigte Deutsche Missionshilfe usw.) in den Bundesgemeinden Unterstützung suchten, waren die alten Ressentiments abgebaut.[2]

2. Die organisatorische Abwicklung und die Vermittlung von Missionsgebieten überforderte die Bundesleitung. Man hatte zwar im Internationalen Bund der Freien evangelischen Gemeinden einen Partner, der seine Hilfe anbot, jedoch wurde eine Aussendung von Missionaren durch eine ausländische Bundesorganisation nicht verwirklicht.[3] Deswegen suchte man in der Nähe einen geeigneten Partner, der Kontakte ins Ausland hatte und die organisatorische Betreuung übernehmen konnte. Diesen Partner fand man in der AMB. Er sollte als „Handlanger" für den Bund fungieren.

Diese These, dass „Mission Aufgabe der Gemeinde sei, wobei sich die Missionsgesellschaften als Handlanger verstehen sollten"[4], wurde später fallen gelassen. Die Vereinbarung zwischen Bund und AMB von 1975 weist in eine andere Richtung. Nun sollte die AMB (für den Bund) Missionare „ausbilden, aussenden und betreuen". Damit lief man Gefahr, Verantwortung

---

2 Die Rekrutierung von Personal und Finanzen durch andere interdenominationelle Missionen wird sowohl von der Bundesleitung der Freien evangelischen Gemeinden als auch von der Leitung der AM nicht als störend empfunden, da gegenwärtig knapp über 50% der Freien evangelischen Gemeinden eine Art „Mitgliedschaft" in der AM haben (vgl. Ansgar Hörsting, Allianz-Mission; in: Berichtsheft zum Bundestag des Bundes Freier evangelischer Gemeinden 2006, S. 85-87), was darauf hinweist, dass sich diese Gemeinden vor allem mit der Arbeit der AM identifizieren. Seit 1990 kam es aber bedingt durch die zeitgeschichtlichen Ereignisse in Osteuropa zu der Initiative der „Auslandshilfe" (AH), die heute ein Arbeitszweig des Bundes Freier evangelischer Gemeinden ist. Siehe dazu Karl Gerhard Köser, Auslandshilfe; in: Berichtsheft zum Bundestag des Bundes Freier evangelischer Gemeinden 2001, S. 36-37. Sie hilft Menschen und Gemeinden in Osteuropa (Rumänien, Bulgarien, Ungarn, Makedonien und im Kosovo) mit humanitärer und diakonischer Hilfe. Die AH wuchs mit einer ungewöhnlichen Dynamik, sodass sie als Konkurrenz zur Missionsarbeit der AM aufgefasst werden konnte. Da die AH in den Bundesgemeinden sehr populär wurde und innerhalb der Bundesgemeinschaft mit großer Sympathie betrachtet wird, ist sie eine direkte Konkurrentin zur AM geworden. In gewisser Weise ist die AH, ohne dass sie dies angestrebt hätte, außenmissionarischer Arm der Freien evangelischen Gemeinden in Osteuropa geworden. Da sich die AH jedoch nur im sozialen Bereich einsetzt, ist es im Bund zu einer (zwar nicht bewusst vollzogenen) Schwerpunktverschiebung gekommen. D.h., missionarisches Engagement und Finanzen gehen dadurch der AM verloren und werden der AH zur Verfügung gestellt.

3 Persson, In Freiheit und Einheit, S. 247.

4 Z.B. siehe die Niederschrift der Sitzung des Bundesrates am 26.03.1960 im Gemeindehaus Kierspe; in: Niederschriften des Bundesrates 1947–1961 (Archiv der Allianz-Mission Ewersbach), S. 158.

für die Missionsarbeit von der Gemeinde weg an die Missionsgesellschaft zu delegieren.

8.2 Kritische Anfragen zur missiologischen Ekklesiologie von Gemeindebund und Mission

Vonseiten der AM folgte man anfänglich dem Kirchenbegriff der „Missionsgemeinde". Man wollte damit den überkonfessionellen Freundeskreis der Mission bezeichnen. Insofern folgte man der im pietistischen Kreisen verbreiteten Neigung, die Missionspflicht allein auf die „unsichtbare Kirche", d.h. auf das biblische Idealbild der Kirche zu beziehen.[5] Man verstand die Kirche einseitig als unsichtbare Gemeinschaft der Heiligen. Dass man damit einem eher platonisierend-idealistischen als einem biblischen Kirchenbegriff folgte, wird den AM-Theologen kaum bewusst gewesen sein. Dabei gilt zudem zu beachten, dass „Missionsgemeinde" ein ekklesiologisch sehr diffuser Begriff ist, der zwar eine gewisse Nähe zur pietistischen *ecclesiola in ecclesia* aufweist, sich aber durch seine Unschärfe und Bedeutungsvielfalt nicht fassen lässt. Denn wo sind die Grenzen dieser speziellen „Missionsgemeinde"? Wer gehört zu ihr und wer nicht? Überdenkt man diesen Kirchenbegriff, dann wird deutlich, dass sich die „Missionsgemeinde" theologisch nicht definieren lässt. Da man aber diesem Kirchenbegriff folgte, erübrigten sich die Fragen einer strukturellen Integration von Gemeinde und Mission. Dass es dann trotzdem zu einer Eingliederung kam, hatte – wie der historische Teil dieser Arbeit zeigt – keine theologischen, sondern pragmatische Gründe. In der historischen Auswertung konnten keine theologischen Äußerungen, Überlegungen oder Reflexionen der AM gefunden werden, die diese Eingliederung begründet hätten. Anders sieht das auf Bundesseite aus. Den führenden Theologen des Bundes Walter Hermes, Jakob Lenhard, Richard Hoenen, Karl Mosner, Karl Glebe und Albert Fuhrmann war die gängige Praxis, Missionsarbeit der NM und AM zu unterstützen, zu wenig. Mission müsse direkt von der Gemeinde ausgehen.[6] Als Beispiel wurde wiederholt auf Apg 13 insistiert, ohne dabei die hermeneutische Frage zu klären, ob der deskriptive Bericht des Lukas normative Aussagen enthält. Wichtiger waren ihnen ekklesiologische Über-

---

5 Goßweiler, Unterwegs zur Integration von Mission und Kirche, S. 316.
6 Dabei blieb jedoch die Frage ungelöst, ob die Ortsgemeinde oder der Gemeindebund bzw. deren Leitung Mission zu tragen habe. Strukturell wurde die AM in den Bund eingegliedert, praktisch wird Mission jedoch von den Ortsgemeinden getragen.

legungen. Denen zufolge ist Gemeinde Jesus Christi dort, wo Menschen ein Bekenntnis zu Jesus Christus ablegen und in einer Ortsgemeinde ein verbindliches Christsein leben. Nur von dort aus könne Mission betrieben werden. Deswegen hielten sie es für notwendig, dass Missionsarbeit direkt von der Gemeinde (von Glaubenden) getragen werde. Dabei verfiel man keinem Denominationalismus, weshalb man auch nicht darauf bestand, dass die AM ihre anderen Freundeskreise aufzugeben und aus ihrem Namen das Wort „Allianz" zu streichen habe. In diesen Fragen war man zu Konzessionen durchaus bereit, und bis heute werden Missionare in die AM aufgenommen, die nicht zu den Freien evangelischen Gemeinden gehören. Auch wird sowohl in Gemeindegründungsarbeit als auch in missionarischer Partnerschaft mit Kirchen und Denominationen zusammengearbeitet, die nicht zum Internationalen Bund Freier evangelischer Gemeinden gehören.[7] Die AM bewahrte als ein „Bundeswerk" eine gewisse Selbstständigkeit, die von Bundesseite als auch von Missionsseite als durchaus befriedigend empfunden wird. Denn sollte der Missionsorganisation nicht eine gewisse Freiheit zugestanden werden, um nicht einer denominationellen Verengung zu erliegen? Muss sie wirklich vollständig integriert und somit verkirchlicht werden? Denn Integration darf nicht als Absorbierung oder Einverleibung des Missionswerkes in den Gemeindebund missverstanden werden. Deswegen hatte man im Sprachgebrauch des Bundes und der AM das Wort „Integration" stets vermieden und die Wörter „Angliederung" oder „Zusammenarbeit" vorgezogen.[8] Diese sprachliche Differenzierung zeigt, dass man weder von Bundesseite noch von der Missionsseite eine Verschmelzung von Gemeinde und Mission wollte. Die biblischen Berichte des Lukas in der Apostelgeschichte, auf die man von Bundesseite immer wieder insistierte,

---

7 Dass dies nicht immer reibungsfrei verläuft, wird dabei in Kauf genommen. Diese Reibungsflächen entstehen besonders in der Zusammenarbeit mit Kirchen, die einem synodal-bischöflichen Gemeindeverständnis folgen. Da nach freievangelischem Gemeindeverständnis jede Gemeinde ihren „Prediger" selbst berufen kann, bleibt in den Freien evangelischen Gemeinden das Ordinationsverständnis ungeklärt und stimmt oft nicht mit dem Amtsverständnis der Partnerkirche überein. Ähnliches ergibt sich auch für den Verkündigungsdienst von Missionarinnen. In den Partnerkirchen bekleiden sie oft wichtige Positionen im Lehr- und Verkündigungsdienst. In ihren Heimatgemeinden ist dieses Thema jedoch nicht geklärt, und einige Gemeinden sehen darin ein Problem, wenn Frauen „von der Kanzel verkündigen". Siehe Die Leitung des Bundes Freier evangelischer Gemeinden, Frauen in der Gemeindeleitung, Witten 2000, S. 1. Zwar hatte man vonseiten der Bundesleitung in dieser Schrift dazu Stellung bezogen, jedoch konnte aufgrund der kongregationalistischen Struktur des Bundes keine einheitliche Regelung gefunden werden.

8 Z.B. Erdlenbruch/Ritter, Freie evangelische Gemeinde, S. 108.

machen eine solche Verschmelzung von Mission und Gemeinde schlechterdings nicht notwendig.[9] Auch steht die Eingliederung der AM in den Bund der Freien evangelischen Gemeinden nicht im Widerspruch zu den in der deutschen evangelikalen Missiologie vertretenen Positionen zu Mission und Gemeinde. So hatte beispielsweise der evangelikale Missionstheologe Peter Beyerhaus eine differenzierte Position vertreten, die einerseits Kritik an den landeskirchlichen Integrationsbestrebungen übt, andererseits die theologische Zusammengehörigkeit von Gemeinde und Mission bestätigt.[10] Beyerhaus kritisiert die These, dass die Entstehung der Missionsgesellschaften auf ein „Notrecht" zurückzuführen sei, weil die landesherrlich und parochial strukturierten Staatskirchen dem Missionsgedanken ablehnend gegenüberstanden. Er versucht den Erweis zu erbringen, dass die biblische Ekklesiologie zwar nichts von modernen Missionsgesellschaften weiß, jedoch aber von Gruppen, die ihrer charismatischen Berufung folgend den missionarischen Dienst ausübten.[11] Nach Beyerhaus gelte es zu bedenken, dass es „gemeinschaftliche Gnadengaben" gebe, die eine ganze Gruppe zum missionarischen Dienst befähigen können.[12] So sei in neutestamentlicher Zeit der evangelistische Dienst sowohl von Einzelnen als auch von Zweierschaften oder von ganzen Gruppen verwirklicht worden.[13] Diese hätten im Laufe der Kirchengeschichte die Gestalt von Missionsorden bzw. Missionsgesellschaften angenommen.[14] Deswegen hätten Missionsgesellschaften ihre bleibende theologische Legitimation.

Auch die starken Impulse, die von der Brüderbewegung in Deutschland ausgingen, sollen hier aufgenommen werden, weil sie die Diskussionen der deutschen evangelikalen Missiologie bereichert haben.[15] Der führende Theologe der Brüderbewegung des 20. Jahrhunderts in Deutschland war

---

9 Cook, Who really sent the first missionaries?, S. 233-239.
10 Beyerhaus, Mission – Wesen und Auftrag der Kirche, S. 161-181. Im ersten und bislang einzigen Band seines umfangreichen Alterswerks „Er sandte sein Wort" nimmt Peter Beyerhaus das Thema Mission, Missionswerke und Gemeinde nicht mehr auf. Vgl. Peter Beyerhaus, Er sandte sein Wort: Theologie der christlichen Mission, Wuppertal 1996.
11 Beyerhaus, Mission – Wesen und Auftrag der Kirche, S. 169-173.
12 Beyerhaus, Mission – Wesen und Auftrag der Kirche, S. 173.
13 Beyerhaus, Mission – Wesen und Auftrag der Kirche, S. 173.
14 Beyerhaus, Mission – Wesen und Auftrag der Kirche, S. 173.
15 In den frühen 1990er-Jahren gab es in der evangelikalen Missionsszene Diskussionen um die Frage nach der Daseinberechtigung von Missionswerken. Siehe die Auseinandersetzung zwischen Karl-Heinz Klapprodt, Aus meiner Sicht. Fehlplanung, oder: Sägen Missionswerke am Ast, auf dem sie sitzen?; in: Evangelikale Missiologie 9, 1993, S. 66-67 und Daniel Herm, Leserbrief; in: Evangelikale Missiologie 9, 1993, S. 114-115.

Erich Sauer (1898–1959). Er hatte vehement auf die heilsgeschichtliche Sicht hingewiesen, wonach die Mission Jesu Christi durch die Gemeinde ausgeführt werde und so die Heilsgeschichte voranschreite bis zu ihrem Ziel der Wiederkunft Christi. Ferner deutete Sauer die Gemeinde als Fortsetzung der Inkarnation Christi.[16] Dabei kommt speziell der Ortsgemeinde besondere Aufmerksamkeit zu. Sie sei zugleich Ziel und Träger der Sendung.[17] Diese Impulse wurden von Ernst Schrupp, Daniel Herm und Paul Gerhard Kalthoff aufgenommen und in die neuere evangelikale Diskussion um Mission und Gemeinde eingebracht.[18] Darin geht es um die dezidiert vertretene These, dass Mission von einer Ortsgemeinde auszugehen und von ihr getragen werden müsse. Diese Position wendet sich vor allem gegen die weitverbreitete Praxis, missionsinteressierte Kreise oder Individuen als „Missionsgemeinden" anzuerkennen. Dabei hatte man immer wieder auf die in der Apostelgeschichte beschriebenen Beispiele verwiesen, wonach es einer partikularen Ortsgemeinde zukäme, Missionare auszusenden und zu unterstützen. Aber auch diese Theologen bestreiten deswegen keineswegs die Berechtigung von Missionsgesellschaften als Hilfseinrichtungen für die Gemeinde.[19] Deshalb kann die gegenwärtige Situation zwischen AM und dem Bund Freier evangelischer Gemeinden als durchaus theologisch gerechtfertigt angesehen werden.

8.3 Das Reich Gottes als Zielpunkt der Mission

In den vorigen Kapiteln wurde aufgezeigt, wie in der Frühzeit der AM die Naherwartung der Parusie und des Weltendes Missionare motivierte, eilig hinauszuziehen, um so viele Menschen wie möglich zu retten, bevor Christus wiederkäme. Dabei kam es oft zu einer Konzentration auf evangelistische Wortverkündigung. Die Welt als Schöpfung Gottes und als Lebensraum des Menschen rückte dabei völlig aus dem Gesichtsfeld oder wurde dem Untergang anheimgestellt. Carl Polnick beispielsweise insistierte auf das 3. Kapitel des 2. Petrusbriefes, um die Vergänglichkeit dieser Welt

---

16 Horst Afflerbach, Die heilsgeschichtliche Theologie Erich Sauers, Wuppertal 2006, S. 345.

17 Afflerbach, Die heilsgeschichtliche Theologie Erich Sauers, S. 350.

18 Schrupp, Die gemeindliche Sendung; Herm, Gemeinde und Mission, und Paul Gerhard Kalthoff, Leitfaden zum Senden und Begleiten von Missionaren durch die Ortsgemeinde, Bergneustadt, 4. Auflage 2003.

19 Herm, Gemeinde und Mission, S. 53-57; Herm, Leserbrief, S. 114-115 und Schrupp, Die gemeindliche Sendung, S. 12.

zu verdeutlichen. Als er sich in Barmen selbstständig gemacht hatte und dort Seifenpulver vertrieb, ließ er auf seine Seifenpackungen Folgendes abdrucken: „Jesus lebt und bald kommt Er! Da nun dies alles aufgelöst wird, welche solltet ihr denn sein in heiligem Wandel und Gottseligkeit! Erwartend und beschleunigend die Ankunft der Tage Gottes."[20] Der Schriftleiter des Gemeinschaftsblattes *Licht und Leben*, der lutherische Pfarrer Julius Dammann, hielt diese Werbekampagne Polnicks für einen „Bubenstreich", während die sozialdemokratische Presse darin eine Kommerzialisierung des christlichen Glaubens sah, die man als Zeichen für die Säkularisierung der Gesellschaft deuten müsse.[21] Bemerkenswert ist jedoch die wirkliche Intention Polnicks. In Analogie zu dem sich auflösenden Seifenpulver rücke das Weltende nahe. Alle Dinge würden sich in Kürze auflösen und deswegen bedeutungslos werden. Mit dieser Eschatologisierung des Geschöpflichen stand er keineswegs allein. Es war üblich im Umfeld dieser eschatologischen Frömmigkeit, die Welt dem Untergang anheimzustellen. Am deutlichsten hatte dies Dwight L. Moody (1837–1899) ausgedrückt, der Fredrik Fransons theologisches Vorbild war:

„I look at this world as a wrecked vessel. God has given me a lifeboat, and said to me, ‚Moody, save all you can'. God will come in judgement and burn up this world ... The world is getting darker and darker; its ruin is coming nearer and nearer. If you have any friends on this wreck unsaved, you had better lose no time in getting them off."[22]

In dieser Dringlichkeitseschatologie fallen die Welt und mit ihr die Menschen in ihren sozialen, politischen und gesellschaftlichen Nöten unter das Verdikt des Weltendes. Unter diesem Postulat wird jeglicher Einsatz für die Verbesserung der Lebensumstände, sei sie medizinischer oder sozialdiakonischer Art, jede schöpfungs- und lebenserhaltende Aktion, sei sie ökologischer oder friedenspolitischer Art, unweigerlich zur Vergeudung

---

20 Zitiert in Julius Dammann, Brief- und Fragekasten; in: Licht und Leben 6, 1894, S. 235.
21 Dammann, Brief- und Fragekasten, S. 235.
22 Zitiert in Peter Kuzmič, History and Eschatology: Evangelical Views; in: Bruce Nicholls (Ed.), In Word and Deed: Evangelism and social Responsibility, Exter 1985, S. 145. Im gegenwärtigen evangelikalen Missionsdenken wird eine schöpfungsverneinende Eschatologie zunehmend kritisiert, z.B. beim Forum für Weltevangelisation in Pattaya, Thailand 2004. Siehe dazu Lausanne Occasional Paper No. 45; in: David Claydon (Ed.), A new Vision. A new Heart. A renewed Call: Lausanne Occasional Papers from the 2004 Forum for World Evangelization hosted by the Lausanne Committee for World Evangelization in Pattaya, Thailand, Vol. 2, Pasadena 2005, S. 197 und Lausanne Occasional Paper No. 40, S. 616.

evangelistischer Ressourcen führen.[23] Diese extreme Dringlichkeitseschatologie der Frühzeit wurde zwar bald fallen gelassen[24], nicht aber die damit einhergehende theologische Abwertung der geschöpflichen Welt. Es gelang in der Folgezeit nicht, die Kontinuität der gegenwärtigen Schöpfung zur zukünftigen Neuschöpfung theologisch zu reflektieren. So blieben die Schöpfung, die Geschöpflichkeit und eine Anthropologie, die nicht nur die Erlösungsbedürftigkeit des Menschen betonte, ein theologisches Niemandsland. Später dann rückte mehr und mehr die Gemeinde als Ziel der Mission in das Blickfeld der AM-Theologen. Die eschatologische Dimension fiel nun völlig weg. Nun hatte man der Ekklesiologie den Vorzug vor der Eschatologie gegeben. Ziel der Mission war nun nicht mehr das Erreichen der Vorbedingungen für die Parusie, ohnehin eine Verkürzung biblischer Eschatologie, sondern die Gemeinde. Wurde in der Vergangenheit die Zielbestimmung der Mission eschatologisch verkürzt, so verkürzte man sie später ekklesiologisch. Obwohl man in der AM seit ihren Anfängen eine den Menschen und ihrer Not zugewandte Missionsarbeit betrieb[25], blieb die theologische Begründung dafür defizitär. Auch als man in den 1960er-Jahren verstärkt soziale Projekte aufnahm, änderte das nichts an dieser theologischen Einstellung. Der Schwerpunkt der Missionsarbeit der AM sollte Gemeindegründung sein. So hatte man das in der Vereinbarung von 1975 festgelegt. Die AM arbeite auf das Ziel hin, „daß in den Missionsgebieten Gemeinden von Glaubenden entstehen", die „selbstständig werden und missionieren".[26] Erst in den letzten Jahren wurde das Thema

---

23 Siehe dazu die interessanten Beiträge von Peter Kuzmič und Willem Saayman, die eschatologische Konzepte und deren Auswirkung auf das missionarische Engagement untersuchen. Vgl. Kuzmič, History and Eschatology, S. 135-161 und Willem A. Saayman, Eschatological Models in Missionary Thinking; in: Missionalia 15, 1987, S. 7-13.

24 Der langjährige Vorsitzende der ACM Hermann Krafft liebte – so die Jugenderinnerungen Helmut Thielickes – „apokalyptische Texte und beschwor das Wetterleuchten von Weltuntergang und Wiederkunft des Herrn", was zeigt, dass diese Themen auch später im Umfeld der ACM bedeutsam waren. Vgl. dazu Helmut Thielicke, Zu Gast auf einem schönen Stern. Erinnerungen, Bergisch Gladbach 1987, S. 57.

25 Man hatte schon früh den Kampf gegen die Opiumsucht aufgenommen und mühte sich um Opiumabhängige. Siehe Dickel, Die Geschichte der Allianz-Mission, S. 57. Später begann man eine medizinische Arbeit und kümmerte sich um die ärmste Bevölkerungsschicht. Siehe Minna Lorsbach / Louise Schweizer, Aus der Frauenwelt Chinas. Ich bin der Herr, dein Arzt. Erlebnisse einer Missionsschwester, Barmen 1933, S. 1-10. Das missionarische Engagement in Brasilien und später auf den Philippinen und in Mali stand (und steht bis heute) unter einem sozial-diakonischen Schwerpunkt. Vgl. Dickel, Die Geschichte der Allianz-Mission, S. 12-144.

26 Zitiert in Schmidt, ... bis an das Ende der Erde, S. 11.

Weltverantwortung aufgenommen und theologisch reflektiert.[27] Gleichwohl darf man die Zielbestimmung der Mission nicht auf ein Entweder-oder zwischen Gemeinde oder Reich Gottes verkürzen. Denn auch das Neue Testament belässt diese Spannung zwischen Reich Gottes und Gemeinde als Zielbestimmung der Missionsarbeit, was die folgenden Ausführungen zeigen werden:

Das Ziel der Mission ist von Jesus vorgegeben. Es ist das Reich Gottes, das in seinen Taten schon gegenwärtige Gestalt annahm (Lk 17,20-21). Nach den synoptischen Evangelien vergrößert sich das Reich Gottes wachstümlich (Mt 13,31-32; 33 par). Es ist dort und vergrößert sich dort, wo der Wille Gottes geschieht (Mt 6,10). Gleichwohl wird es aber auch abrupt als geschichtlich-eschatologisches Geschehen, als ein trennender Einschnitt, kommen (Mt 13,40-43; 47-50; vergleiche auch Dan 2,44). Diese scheinbar widersprüchlichen Konzepte können jedoch komplementär gesehen werden, indem man gegenwärtige und zukünftige Ereignisse in einer Spannung zueinander belässt. Damit gewönne man eine Reich-Gottes-Perspektive, in der das Reich Gottes im Hier und Jetzt in Ansätzen verwirklicht werden kann, jedoch in seiner Vollendung erst durch den eschatologischen Einschnitt kommt. Dabei darf es keinesfalls zu einer Abwertung der soteriologischen und ekklesiologischen Dimension des Missionsauftrags kommen, sind diese doch im Neuen Testament bei Paulus ausdrücklich betont. Was aber in der paulinischen Theologie fast völlig fehlt, ist eine Betonung des Reiches Gottes. Diese gilt es, von Jesus in den Synoptikern aufzunehmen.[28]

---

27 In einer Artikelserie über die Missionsarbeit der AM insistieren beispielsweise Heinz Müller und Karsten Pascher auf ein Miteinander von Evangelisation, Gemeindebau und sozialer Hilfe. Siehe Heinz Müller, Soziale Verantwortung; in: Christsein Heute 100, 1993, S. 20-22 und Kasten Pascher, Keine Extrawürste. Mission und soziale Verantwortung; in: Christsein Heute 100, 1993, S. 22. In dem Grundsatzpapier „Die sozial-diakonische Missionsarbeit der Allianz-Mission" wird Folgendes gesagt: „Wir sehnen uns nach Christen und Gemeinden, die Gott in allen Bereichen ihres (Zusammen-)Lebens heilt, die heilend in ihrem Umfeld leben und Gottes Liebe für den ganzen Menschen erfahrbar machen. Wir hoffen darauf, dass sich dadurch Individuen, Gemeinschaften und Völker von Gott umgestalten und befähigen lassen und die Auswirkungen des angebrochenen Reiches Gottes in den geistlichen, ökonomischen, sozialen, physischen und emotionalen Dimensionen ihres Lebens erfahren." Siehe Allianz-Mission, Die sozial-diakonische Missionsarbeit der Allianz-Mission: ein Grundsatzpapier; in: Andreas Kusch (Hrsg.), Transformierender Glaube. Missiologische Beiträge zu einer transformativen Entwicklungspraxis, Nürnberg 2007, S. 261. Vgl. dazu auch Ansgar Hörsting, Biblische Grundlagen für sozial-diakonisches Engagement, Manuskript 2004 (Archiv der Allianz-Mission Ewersbach).

28 Es darf nicht darum gehen, den missionarischen Dienst Jesu gegen den des Paulus auszuspielen.

Nach dieser Reich-Gottes-Perspektive geht es nicht nur um missionarische Verkündigung, sondern um die missionarische Teilnahme an den Taten des Reiches Gottes und um dessen Vorwegnahme. Damit ist weder einem postmillenniaristischem Fortschrittsglauben noch einer Politisierung der Theologie das Wort geredet, sondern es soll hier auf die verloren gegangene Perspektive des Reiches Gottes verwiesen werden, das in den Taten derer anbricht, die Jesus nachfolgen. Das bedeutet, dass missionarisches Engagement umfassender gesehen werden muss und sich nicht auf evangelistische Wortverkündigung und Gemeindeaufbau verkürzen lässt. Missionarischer Dienst im Blick auf das Reich Gottes orientiert sich an den Taten Jesu. Diese Reich-Gottes-Perspektive umschließt einen radikalen auf das Reich Gottes ausgerichteten Lebensstil. Sie lebt in der Hoffnung auf die endzeitliche Vollendung und baut unbeirrt die Gemeinde Jesu Christi und in gleicher Weise und gleichzeitig das Reich Gottes, indem sie Frieden stiftet, gegen Unrecht aufbegehrt, sich den Armen und Ausgestoßenen zuwendet, Kranke heilt, mit Weinenden weint sowie denen, die Unrecht taten, vergibt und denen, die hassen, mit Liebe begegnet. Diese auf das Reich Gottes ausgerichtete und von Jesus vorgelebte Ethik ist vor allem missionarische Ethik, weil sie besonders in missionarischen Lebenswelten Anwendung findet. Aber gilt es darüber hinaus nicht, diese Reich-Gottes-Perspektive als Zielbestimmung der Mission zu formulieren und sie den wichtigen und immer noch relevanten eschatologischen und ekklesiologischen Zielen, welche in der Geschichte der AM genannt wurden, hinzuzufügen?

Anhänge

1. Kurzbiografien

Im Folgenden werden alle Personen, die mit der Allianz-Mission bzw. mit dem Bund Freier evangelischer Gemeinden in Verbindung standen und keinen kirchengeschichtlichen Bekanntheitsgrad erlangten, in einer Kurzbiografie beschrieben. Diese Kurzbiografien beziehen sich auf den Kontext dieser Arbeit. Biografische Informationen zu den Personen wie z.B. Karl Hartenstein, Hudson Taylor, Gustav und Johannes Warneck, Wilhelm Löhe, Dwight L. Moody usw. können in den gängigen Nachschlagewerken gefunden werden. Sie und die Personen, die in dieser Arbeit ausführlich dargestellt wurden, wie z.b. Fredrik Franson, Carl Polnick, Eduard Zantop, Karl Engler, Kurt Zimmermann und Hans Flick, werden hier nicht aufgeführt.

- Bender, Joseph (gest. 1937), erster Missionar der AM in China. Er wurde von Fredrik Franson für den Missionsdienst rekrutiert.
- Bender, Leopold (1833–1914), Evangelist des Evangelischen Brüdervereins. Später avancierte er zu einer bedeuteten Leiterpersönlichkeit des BFeG und kann als einer der wichtigsten Theologen der Frühzeit der FeG bezeichnet werden.
- Bräumer, Elisabeth (gest. 1945), mit Auguste Schnütgen und Joseph Bender die erste Missionarin der AM in China.
- Bussemer, Konrad (1874–1944), FeG-Pastor und später Lehrer der Predigerschule des BFeG. Er war der fruchtbarste Theologe der FeG der zweiten Generation. Er gehörte zum Komitee der AM und schrieb wichtige Beiträge zur deren Frühgeschichte.
- Dietrich, Karl (1897–1983), Kaufmann aus Lüdenscheid. Von 1938 bis 1972 war er Vorsitzender der AM. Zudem gehörte er von 1947–1967 der Bundesleitung der FeG an. Er forcierte die Zusammenarbeit zwischen AM und BFeG.
- Demmer, Gustav (1855–1933), Komiteemitglied der ACM und Gemeindeältester der FeG Düsseldorf. Er war Carl Polnicks Schwager. Möglicherweise hatte er August Rudersdorf mit der AM bekannt gemacht.
- Dammann, Julius (1840–1908), lutherischer Pfarrer und ein wichtiger Führer der Gemeinschaftsbewegung. Er war Schriftleiter des Gemeinschaftsblattes *Licht und Leben* und kritisierte Polnicks Geschäfts- bzw. Evangelisationsmethoden.
- Engel, Heinrich (gest. 1932), Missionar der AM in China. Später im Missionskomitee der AM tätig. Er vertrat ein reziprokes Verständnis der Mission, wonach die sendende Gemeinde von den Arbeitsfeldern befruchtet wird.
- Fries, Friedrich (1856–1926), Prediger im BFeG und Gründer des Bundes-Verlags.
- Fuhrmann, Albert (1903–1964), Bundespfleger des BFeG. Es gelang ihm, vor allem die Jugendlichen des Bundes für das Missionsanliegen zu gewinnen. Stets vermittelte er zwischen AM, BFeG und dem Missionsehepaar Möller.
- Glebe, Karl (1885–1966), von 1935–1960 Pastor der FeG Frankfurt und von 1947–1959 Vorsteher des Bundes. Er hatte Bedenken, mit der Neukirchener Mission zusammenzuarbeiten.
- Grafe, Hermann Heinrich (1818–1869), Kaufmann und Begründer der ersten FeG auf deutschem Boden. Er hatte eine eher reservierte Haltung zur Außenmission.

- Hardenberg, Maria (1906–1991), war Missionarin der ACM in China. Sie musste aufgrund der maoistischen Revolution China verlassen und war später die erste Missionarin der AM in Japan.
- Hebich, Samuel (1803–1868), Indienmissionar der Basler Mission und Evangelist in Deutschland. Seine kompromisslose Verkündigung stieß auf heftigen Widerspruch. Er wurde von Grafe in die erste FeG in Wuppertal-Barmen/Elberfeld zu Versammlungen eingeladen. Hebich wohnte bei Grafe und predigte fast ein Vierteljahr lang im Wuppertal.
- Henrichs, Ludwig (1872–1931), glühender Anhänger der Heiligungsbewegung. Er war sowohl Mitglied im Komitee des AM als auch Pastor der FeG Lüdenscheid. Wahrscheinlich jedoch nicht zeitgleich. Später war er Missionsinspektor der Rheinischen Mission.
- Hermes, Walter (1877–1935), Pastor der FeG Witten. Zusätzlich war er als Bundespfleger des BFeG tätig. Er verfasste viele wichtige Schriften zur Frühgeschichte der FeG. In seiner Schrift, die „Samann Akte", wies er die historische Verbindung der Anfänge zwischen AM und der rheinischen Heilungsbewegung nach.
- Hoenen, Richard (1904–1998), Prediger der FeG und als Lehrer in der Predigerschule des BFeG tätig. Nach Schwierigkeiten wegen seiner nationalsozialistischen Überzeugung trat er 1934 zur evangelischen Kirche über, ließ sich zum Pfarrdienst ausbilden und war in der Kirchenprovinz Sachsen, später in Viernau als Pfarrer tätig. Er kritisierte, dass die Mission von Vereinen und nicht direkt von Gemeinden getragen würde.
- Kaiser, Adolf (1900–1984), Pastor der FeG Wuppertal-Vohwinkel und Komiteemitglied der AM. Er verfasste einen Beitrag zur Geschichte der AM, in welchem er ihre Interdenominationalität verteidigte.
- Kmitta, August (Lebensdaten unbekannt), Komiteemitglied in den Anfangsjahren der AM und als Gemeinschaftsprediger in Ostpreußen tätig. Er verfasste einen Beitrag über Fredrik Franson.
- Knöppel, Karl-Heinz (1928–2003), war Präses der BFeG. Er war 18 Jahre im Missionsbrüderrat der AM vertreten. Er förderte die Beziehungen zum Internationalen BFeG.
- Krafft, Hermann (1861–1934), war Vorsitzender der ACM und reformierter Pfarrer der Gemeinde Barmen-Gemarke. Er war ein wichtiger Führer der Evangelischen Allianz.
- Küpper, Adolf (1884–1967), lange Jahre Schatzmeister der AM. Er schrieb einen wichtigen Beitrag zur Geschichte der AM während der Zeit des 2. Weltkrieges.
- Lenhard, Jakob (1882–1948), Vorsitzender des BFeG (1933–1947). Er lehnte eine Zusammenarbeit des BFeG mit der Neukirchener Mission aus ekklesiologischen Gründen ab.
- May, Wilhelm (1901–1965), Afrika-Missionar der Neukirchener Mission. Er gehörte zur FeG, in deren Kreisen er sehr populär war.
- Meili, Wilhelm (1854–1928), führender FeG-Theologe der Schweiz. Er förderte die Zusammenarbeit des Schweizer BFeG mit der AM.
- Millard, Jakob (1860–1938), Leiter der Predigerschule des BFeG in Wuppertal-Vohwinkel, die er aufbaute. Er konnte einer Zusammenlegung der theologischen Ausbildungsstätten des BFeG und der Neukirchener Mission aus ekklesiologischen Gründen nicht zustimmen.

- Möller, Kurt (1921–2002), zusammen mit seiner Ehefrau erster Missionar der FeG bzw. der AM in Brasilien. Später kam es zum Bruch mit den Leitungsgremien von Bund und Mission. Danach war er als Freimissionar weiterhin in Brasilien tätig.
- Monod, Adolphe (1802–1856), bedeutender Prediger und Theologe des neueren französischen Protestantismus. Er vermittelte H.H. Grafe freikirchliche Gedanken.
- Mosner, Karl (1899–1951), Bundesgeschäftsführer des BFeG. Er gab die Initialzündung für das neu erwachende Missionsinteresse des BFeG nach dem 2. Weltkrieg.
- Nitsch, Wilhelm (1873–1962), von 1911–1949 Inspektor der Neukirchener Mission. Er nahm eine eher reservierte Haltung zu der Frage nach der Zusammenarbeit von NM und dem BFeG ein.
- Noss, August (1884–1965), Kaufmann und Baptist. Er war von 1924 bis 1957 im Komitee der AM tätig.
- Oehler, Theodor Friedrich (1850–1915), Missionsinspektor der Baseler Mission und Kritiker der Theologie der Glaubensmissionen.
- Oehler, Wilhelm (1877–1966), Chinamissionar und später Professor für Missionswissenschaft in Tübingen. Er kritisierte die Anfänge der AM.
- Oesterlee, Johannes (1898–1960), promovierter Philosoph und Gymnasialdirektor in Lüdenscheid. Er gehörte zur FeG und schrieb einige theologische Beiträge. Aushilfsweise unterrichtete er auch an der Predigerschule des Bundes. Zudem war er viele Jahre im Komitee der AM tätig.
- Olsen, Emmanuel (1861–1894), Philosophiestudent und kurzzeitig bis zu seinem frühen Tod für Fransons schwedische Allianz-Mission in China tätig.
- Pass, Carl (gest. 1916), erster Vorsitzender der DCAM. Dieses Amt hatte er von 1882–1912 inne. Er war Fabrikant und gehörte einer darbystischen Gemeinde an.
- Petri, Heinrich (1879–1940), Leiter und Lehrer an der Frauenbibelschule in der Villa Seckendorff in Stuttgart-Bad Cannstatt, in der die Missionarinnen der AM ausgebildet wurden. Deswegen wird er zum Komitee der AM gehört haben.
- Polnick, Bertha (gest. 1926), Ehefrau des Gründers der AM Carl Polnick und seine Biografin.
- Quiring, Walter (1898–1977), Lehrer der Predigerschule des BFeG. Zudem war er in der Bundesleitung der FeG tätig. Er äußerte sich zur Zusammenarbeit mit der NM kritisch.
- Riesmann, Wilhelm (1849–1912), Metzgermeister und Gründungsmitglied der AM. Er gehörte der FeG Barmen-Elberfeld an. Wegen seine Zugehörigkeit zum AM wurde seine Mitgliedschaft in der FeG gestrichen.
- Rosenkranz, Wilhelm (1872–1933), preußischer Beamter, der zur FeG Schwelm gehörte und sich pensionieren ließ, um die Leitungsverantwortung der AM zu übernehmen.
- Rudersdorf, August (1867–1931), erfolgreicher Geschäftsmann, der in vielen christlichen Vereinen aktiv war. Er gehörte zur FeG Düsseldorf und war im Komitee der AM tätig, deren Vorsitzender er von 1914–1931 war.
- Ruloff, Hermann (1917–1988), Prediger der FeG und im Bundesrat des BFeG tätig. Er setzte sich für die Zusammenarbeit mit der Neukirchener Mission bzw. mit deren freievangelischen Missionaren ein. Von 1955–1984 war er Lehrer an der theologischen Ausbildungsstätte des BFeG.
- Samann, Peter (1844–1914), Kaufmann und Führer der rheinischen Heilungsbewegung. Später Mitgründer der FeG Vluyn.

- Schmitz, Richard (1858–1945), Schriftleiter der Zeitschrift *Der Gärtner*. Später war er aushilfsweise Lehrer der Predigerschule des BFeG und schriftstellerisch tätig.
- Schneider, Friedrich (Lebensdaten unbekannt), Nachfolger von Wilhelm Nitsch als Inspektor der Neukirchener Mission. Er war zwar an einer Zusammenarbeit mit dem BFeG interessiert, es gelang ihm jedoch nicht, die ekklesiologischen Unterschiede zwischen NM und dem BFeG zu überwinden.
- Schnepper, Werner (1902–1945), FeG-Pastor in Berlin und Barmen. Er schrieb wichtige Beiträge zur Frühgeschichte der AM und war im Komitee der AM vertreten. Er intensivierte die Kontakte des BFeG zu den skandinavischen und baltischen Bünden. Zeitweise war er Schriftführer des CB.
- Schnütgen, Auguste (gest. 1942), mit Elisabeth Bräumer und Joseph Bender die erste Missionarin der AM in China. Sie gehörte zur FeG Düsseldorf.
- Schopf, Otto (1870–1913), Prediger der FeG Wattenscheid und Witten. Später war er in der Bundesleitung tätig und gründete das Evangelisationswerk des BFeG. Er war einer der ersten Gegner der „Kasseler Bewegung".
- Schürch, Hans (Lebensdaten unbekannt), Pastor der FeG Ennenda/Schweiz und Missionssekräter der Schweizer Allianz-Mission.
- Stursberg, Julius (1857–1909), erster Inspektor der Neukirchener Mission. Er war reformierter Theologe und vertrat Lehren der Heiligungsbewegung, die später von Kurt Möller aufgenommen wurden.
- Vetter, Jakob (1872–1918), Gründer der Zeltmission und Evangelist.
- Wiesemann, Heinrich (1901–1978), Seminarlehrer der Predigerschule des BFeG in Ewersbach.
- Wimmer, Richard (1836–1905), Pfarrer der evangelischen Kirche in Baden. Er verfasste Schriften im Geiste des Rationalismus. Der später Missionsinspektor Karl Engler war sein Konfirmand. Sein Einfluss auf Engler war jedoch gering.
- Wöhrle, Wilhelm (1888–1986), Schriftleiter der Zeitschrift *Der Gärtner* und Mitglied der Bundesleitung der FeG. Er förderte die Zusammenarbeit des BFeG mit der AM.
- Wuester, Gustav, Gründungsmitglied der AM. Wegen seiner Zugehörigkeit zur AM wurde seine Mitgliedschaft in der FeG Barmen gestrichen. Später schied er aus unbekannten Gründen aus der Leitungsverantwortung der AM aus.

2. Literatur aus dem Verlag der Allianz-Mission:

Im Folgenden werden alle dem Verfasser bekannten Titel aus dem Verlag der Allianz-Mission verzeichnet, da dies noch nicht geschehen ist. Die meisten dieser Titel sind in der Bibliothek des Theologischen Seminars des Bundes Freier evangelischer Gemeinden und im Archiv der Allianz-Mission in Dietzhölztal-Ewersbach vorhanden.

- Anonym, Deutsche China-Allianz-Mission, ihre Entstehung und wunderbare Führungen des Herrn, Barmen 1892.
- Anonym, Deutsche China-Allianz-Mission, Barmen, 1904.
- Anonym, China und das Evangelium 1909. Illustrierter Bericht der Deutschen China-Allianz-Mission, [Barmen] 1909.
- Anonym, China und das Evangelium 1910. Illustrierter Jahresbericht der Deutschen China-Allianz-Mission, [Barmen] 1910.
- Anonym, China und das Evangelium 1911. Illustrierter Jahresbericht der Deutschen China-Allianz-Mission, [Barmen] 1911.
- Anonym, China und das Evangelium 1912. Illustrierter Jahresbericht der Deutschen China-Allianz-Mission, Barmen 1912.
- Anonym, Missionsreisen im Reich der Mitte, Barmen o.J.
- Anonym, Unsere Missionsstationen in China, Barmen o.J.
- Anonym, Peng-lan-feng, der „Apostel von Hunan", Barmen o.J.
- Anonym, Grundsätze und Regeln der Deutschen China-Allianz-Mission, Barmen o.J.
- Anonym, Tschen-ta-yung, Barmen o.J.
- Anonym, Tschai und Schi, zwei chinesische Evangelisten, Barmen o.J.
- Anonym, Bunte Briefe aus China, Barmen o.J.
- Anonym, Wang. Ein bekehrter Chinese, Barmen o.J.
- Anonym, China ruft, Wuppertal-Barmen [1949].
- Argento, Alfonso / Jacobson, Emil, Als Sterbende und siehe, wir leben. Zwei Berichte über Rettung aus den Gefahren der Verfolgung in China 1900, Barmen o.J.
- Bender, Joseph, Vom Geisterbeschwörer zum Zeugen der Gnade Gottes, Barmen 1913.
- Bender, Joseph / Klein, Heinrich, Chinesische Evangelisten. Ihr Werden und Wirken, Barmen o.J.
- Bussemer, Konrad, Karl Engler. Lehrer und Missions-Inspektor 1874–1923, Barmen 1925.
- Dürr, Lina / Pfannenmüller, Heinrich Jakob / Georg, Heinrich / Klein, Heinrich / Bender, Joseph, In Gefahr unter den Heiden. Verfolgung in China, Barmen o.J.
- Engler, Karl, Das Evangelium in China. Illustrierter Jahresbericht der Deutschen China-Allianz-Mission, Barmen 1913.
- Engler, Karl, Das Tausendjährige Reich, Barmen 1913.
- Engler, Karl, China und das Evangelium 1914. Jahresbericht der Deutschen China-Allianz-Mission, Barmen 1914.
- Engler, Karl, Das Evangelium in China. Illustrierter Jahresbericht der Deutschen China-Allianz-Mission vom Jahre 1914, Barmen 1915.
- Franson, Fredrik, F. Franson's Reise um die Welt 1892–1895, Barmen 1896.

- Forrler, Emilie u.a. Schwestern-Arbeit in China, Barmen o.J.
- Gasser, Fritz, Vom Brautstuhl zum Sarge, Barmen o.J.
- Georg, Heinrich, Tuteo. Ein Heidendorf als Pflanz-Schule des Christentums, Barmen 1895.
- Georg, Heinrich, Die Bibel in China, Barmen o.J.
- Georg, Heinrich / Pfannenmüller, Heinrich Jakob, Evangelist Tschang-sei-ken und Lehrer Lu, Barmen o.J.
- Grenn, G.H.S., Oftmals im Tode, Barmen, 5. Auflage 1927.
- Guinness, Geraldine, Die Geschichte der China-Inland-Mission. Mit einer Einleitung von J. Hudson Taylor, Bd. 1 und Bd. 2, Barmen 1895.
- Koschade, Daniel, Bis ans Ende der Erde. Ein Überblick über die Weltmission, Barmen 1911.
- Lorsbach, Minna / Schweizer, Louise, Aus der Frauenwelt Chinas. Ich bin der Herr, dein Arzt. Erlebnisse einer Missionsschwester, Barmen 1933.
- Maag, Eduard, Erlebnisse bei der Heidenpredigt in China, Barmen o.J.
- Manz, [Clara], ... und die Hand des Herrn war mit ihnen: Skizzen aus der Geschichte der Allianz-China-Mission, Barmen 1927.
- Manz, Clara, Zehn Jahre in Futschau, Barmen o.J.
- Mönch, E., General Feng. Ein chinesischer General als Christ, Barmen o.J.
- Müller / Kahlhöfer / Klein / Bäumer, Missionsreisen im Reich der Mitte, Barmen o.J.
- Pfannenmüller, Heinrich Jakob / Suter, Hanna, Der Götze im Weintopf und Tschao Üen-tah. Die Entstehungsgeschichte eines chinesischen Götzen, Barmen 1931.
- Polnick, Bertha, Carl Polnick. Ein Lebensbild, Barmen 1920.
- Polnick, Carl / Engler, Karl, China und das Evangelium. Illustrierter Jahresbericht der Deutschen China-Allianz-Mission, Barmen 1912.
- Polnick, Carl, China und das Evangelium 1918. Jahresbericht der Deutschen China-Allianz-Mission, Barmen 1918.
- Taylor, Howard, Pastor Hsi's Bekehrung, Barmen [1908].
- Taylor, Hudson J., Das Hohelied, übers. von Carl Polnick, Barmen 1898.
- Taylor, Hudson / Baedeker, Friedrich Wilhelm, Missions-Vorträge, Barmen 1893.
- Taylor, Hudson, J., Die blaue Schnur und andere Bibelstudien, Barmen 1905.
- Trench, G.F., Gleichgestaltung mit Christo, Barmen o.J.
- Tschau, Gemeinde-Ältester in Nanfong. Station der deutschen China-Allianz-Mission, übers. von Jakob Heinrich Pfannenmüller, Barmen, 2. Auflage 1921.
- Schmidt, Hans-Jürgen, ... bis an das Ende der Erde. Informationen der Allianz-Mission-Barmen e.V., Wuppertal 1976.
- Suter, Hanna, In Chinas Wirren im Winter 1926/27. Erlebnisse einer Missionarin, Barmen 1927.
- Zantop, Eduard, Der Brief des Apostels Paulus an die Philipper, Barmen 1909.
- Zimmermann, Kurt / Lorsbach, Minna, Unter Räubern in China. Der Räuber-Überfall auf Schwetschin, Barmen 1933.

3. Personenverzeichnis